困民党の行く手を阻んだもの

—もう一つの秩父事件—

大澤謙司

まつやま書房

はじめに

秩父事件は、今年（二〇二四）一四〇周年を迎える。周知の通り、一四〇年前の日本は、江戸幕藩体制が終わり、近代国家への道を歩み始めたばかりで、様々な矛盾や問題を抱えていた。一八八四（明治一七）年は、西郷隆盛を中心とした西南戦争の余波の中、松方デフレ政策が実施され、空前の不況に社会が苦しんでいた。それまでの悪性インフレを強引にデフレに落とし込み、物価の急激な下落を招いたこの政策は、農民、特に米や繭を生業としている人々の生活を直撃した。

養蚕業を主にしている埼玉県秩父、そして群馬県南西部等は日に日に生活が追い詰められ、借金が雪だるまのように膨れ上がって行った。特に地形上水田を確保できない秩父地方の農民は、最も悲惨な状態に追い込まれた。彼等は高利貸に対する借金の延納や学校費の猶予等を要求し、郡役所等に掛け合ったが、全く相手にされなかった。また、政府も困窮する農民にこれまた全くの無策といってよい状況だった。

秩父の農民は当時盛んであった自由民権運動に影響され、中心組織である板垣退助の自由党に入党する者も少なからずいた。彼等は自由党の影響を受け秩父困民党を結成し、最後の手段として武装蜂起を計画、実際に起ちあがることとなった。総理田代栄助を中心とした困民党軍は、整然とした組織を編成し、参加人数は数千から一万人に達したのである。

彼等は一時郡役所のあった大宮郷（現秩父市）を占領し、秩父盆地から平野部に打って出ようとした。しかし、政府の派遣した軍隊・警察の前に本陣は崩壊した。困民党軍の一部は諦めずに、県境の峠を越え、群馬県南西部（山中谷）を通り、長野県まで遠征し、最後は長野県佐久で軍隊と交戦し、壊滅した。この間わずか一〇日ばかりであった。

事件後、逮捕された田代をはじめとする幹部は、結論ありきの形だけの裁判で早々に処刑され、参加した数千の農民も、略式な裁判により罰金刑等に処せられた。事件に参加した者はその後「秩父暴徒」と呼ばれ、事件は「秩父暴動」と呼称された。秩父事件はこのようにして日本近代史の底に沈められたのである。学校の授業や教科書にも戦前にはまともに取り上げられることはなかった。その後一九六〇年代から徐々に見直しが進み、現在では自由民権運動を代表する激化事件として評価され、ほとんどの教科書に「秩父事件」として掲載されるようになった。事件が終結して一〇〇年の歳月が流れていた。

さて、秩父事件の概要は右の通りで、「汗牛充棟」と言ってよい事件関係の本も、多くは右のような見解を出るものではない。秩父事件の研究は出尽くしたようなところがあるが、当然ながら事件には多くの謎が現在でもある。それを全て列挙するわけにも行かないので、個人的に最も大きな謎を指摘したい。

それは事件当時不況の波が襲っていたのは、秩父地方だけではなく、埼玉県を含む北関東全体が多少の強弱はあれ、生活が困難であったことは多くの資料が証明している。ところが事件は秩父郡と一部群馬県南西部以外には広がりを見なかったのである。事件自体も既述したようにおよそ一〇日しか持たず終息してしまった。

背景にはもちろん困民党軍を圧倒する政府軍や警察の力があった。そして困民党軍の物量を含めた組織的脆弱性も大きい。しかし、広域的な困窮状態の中で、田代栄助が待望した「関東一斉蜂起」のようなことが起きなかったのは一体なぜなのかという問題である。

それを調べるには秩父郡よりも、そこに近接した地域の反応や対応を追うしかないと考えたのである。そこで秩父郡周辺、つまり比企地域、大里・児玉地域、飯能・名栗地域、そして群馬県南西部いわゆる山中谷を調査した。結果わかったことは、従来の研究では伺い知れない事実だった。

この事実は秩父事件の裏面、もっと言えば「もう一つの秩父事件」と言ってもよい内容だと考える。この事実を敷衍して行くと、事件から一四〇年後の現代日本社会も撃ち抜くような今日的課題を秘めている。命を懸けて起ちあがった困民党軍の行く手を阻んだものは、果たして何であったのか。それを少しでも解き明かせればと願うのである。

※史料の引用等は記述の都合上避けられない。その場合に、現代の言葉に直せるものは、出来るだけ現代語に直して記述する。

困民党の行く手を阻んだもの　—もう一つの秩父事件—◎目　次

はじめに —— 1

第一章　秩父事件の概観 —— 8

松方デフレ　8／事件の発生　10／事件の展開　12／
事件の終息　16／事件後の動き　18／研究史の動向　20／

第二章　比企地域 —— 25

東松山・滑川地域　25／小川地域　28／東秩父・ときがわ地域　46／

第三章　大里・寄居・児玉地域 —— 40

大里地域　40／寄居地域　42／児玉地域　46／

第四章　飯能・名栗地域 —— 72

武州世直し一揆　72／飯能・名栗地域　78／

第五章　秩父地域 —— 100

小鹿野地域　100／大宮郷地域　106／

第六章　群馬山中谷　119
山中谷　119／鬼石地域　122／万場地域　140／保美濃山地域　132／
相原地域　136／神ヶ原地域　139／乙母地域　140／
川中の戦い　149／再び山中谷　151／

第七章　自警団の系譜　159
自警団とは何か　159／武州世直し一揆と自警団　162／
秩父事件と自警団　173／関東大震災と自警団　176／

【付論】自由民権運動の解体　189

【主要参考文献】　217

あとがき　222

【コラム】
大塚多恵八……28
福島敬三……37
金屋戦争……53
人見山騒擾事件と新田騒擾事件……67
幕末の農兵隊……97
甲源一刀流逸見道場……105
群馬事件……154
関東大震災時埼玉県の自警団……185

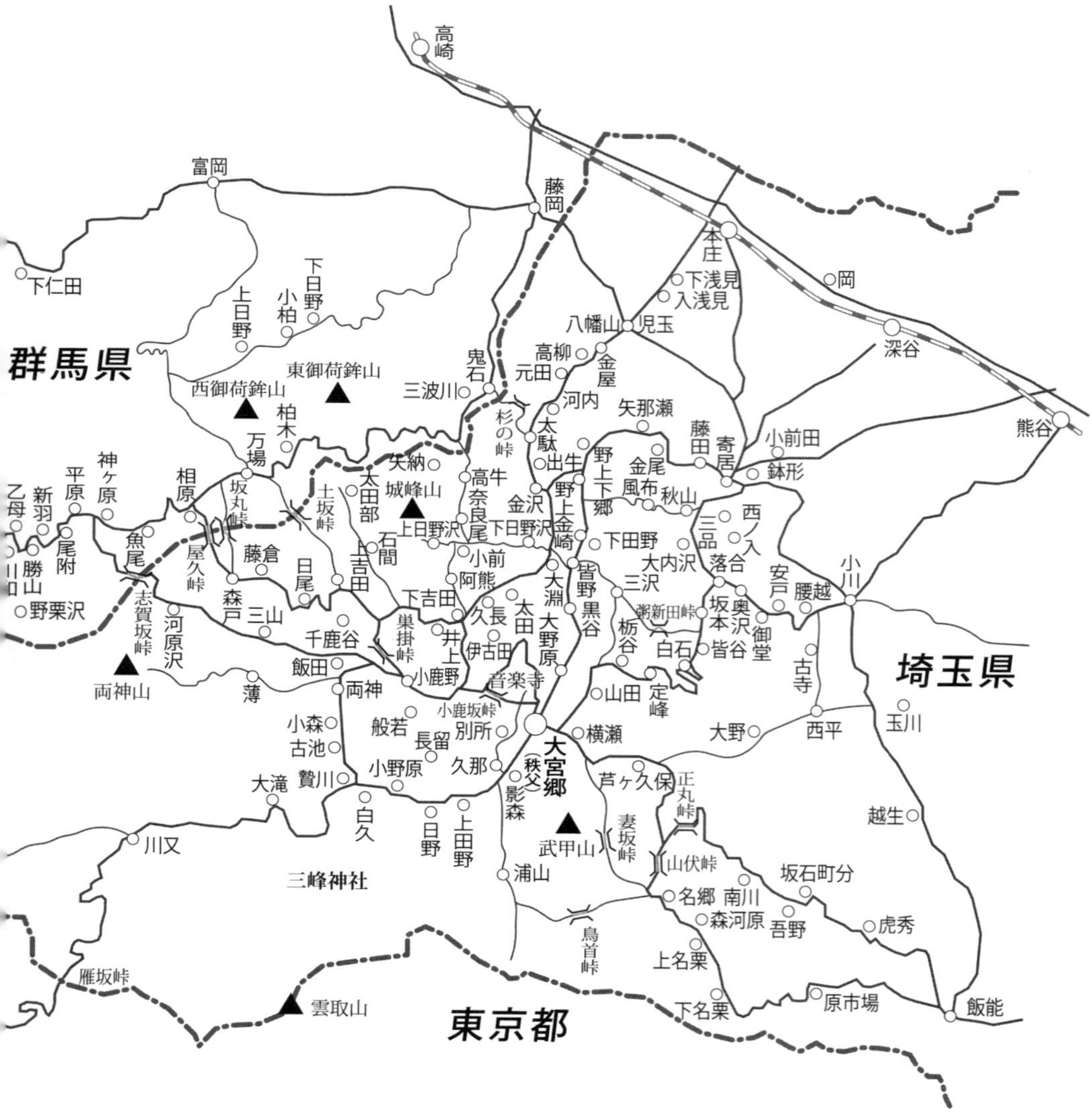
高崎
富岡
藤岡
本庄
下仁田
岡
下日野
上日野
小柏
下浅見
入浅見
八幡山
児玉
深谷
群馬県
鬼石
高柳
元田
金屋
東御荷鉾山
西御荷鉾山
三波川
河内
杉の峠
矢那瀬
熊谷
柏木
太駄
藤田
寄居
小前田
万場
神ケ原
平原
相原
矢納
出牛
野上下郷
金尾
鉢形
乙母
新羽
坂丸峠
土坂峠
太田部
城峰山
高牛
奈良尾
金沢
風布
秋山
西ノ入
上日野沢
下日野沢
野上金崎
三品
魚尾
尾附
屋久峠
藤倉
石間
下田野
大内沢
落合
勝山
日尾
上吉田
小前
阿熊
皆野
大渕
三沢
小川
安戸
腰越
野栗沢
森戸
三山
下吉田
久長
太田
黒谷
粥新田峠
坂本
奥沢
御堂
志賀坂峠
河原沢
千鹿谷
巣掛峠
井上
伊古田
大野原
栃谷
白石
皆谷
古寺
両神山
飯田
薄
小鹿野
両神
音楽寺
山田
定峰
埼玉県
玉川
小森
古池
般若
長留
小鹿坂峠
別所
横瀬
大野
西平
大宮郷
（秩父）
久那
小野原
贄川
大滝
芦ヶ久保
正丸峠
白久
日野
上田野
影森
越生
川又
妻坂峠
武甲山
山伏峠
浦山
三峰神社
坂石町分
名郷
南川
森河原
吾野
虎秀
鳥首峠
上名栗
雁坂峠
雲取山
下名栗
原市場
飯能
東京都

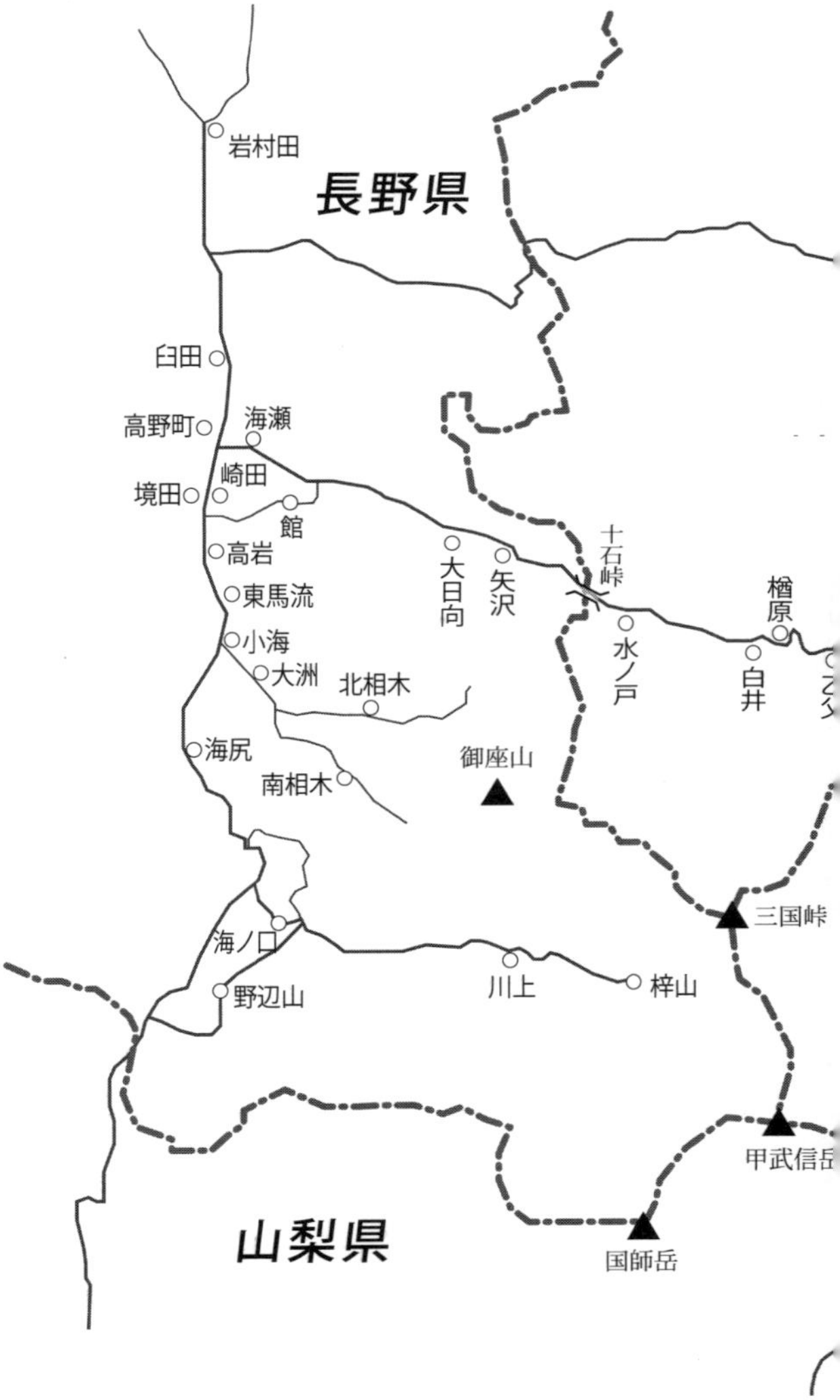
岩村田
長野県
臼田
高野町
海瀬
崎田
境田
館
高岩
東馬流
小海
大洲
北相木
大日向
矢沢
十石峠
水ノ戸
白井
海尻
南相木
御座山
三国峠
海ノ口
野辺山
川上
梓山
甲武信岳
国師岳
山梨県

第一章　秩父事件の概観

松方デフレ

「秩父事件はなぜ広がりを持たなかったのか」がこの本の主要テーマで、それを解き明かすために秩父郡の周辺地域の調査を行った。その結果を述べる前に、どうしても秩父事件の概要を知る必要がある。

一八八四（明治一七）年に発生した秩父事件の概要は、数多くの事件関係本や研究論文により、発生から終息まで詳細に跡付けられており、これを新たに詳述してゆけば、それで本が一冊書ける程なので、ここでは最低限の概要を記したい。

さて、今から一四〇年前の日本は、一八七七年に起こった西南戦争の影響で未曽有の不況に陥っていた。西南戦争は、言うまでもなく西郷隆盛を中心とした反政府士族の反乱で、日本最後の内戦と呼ばれている。政府は鎮圧のため莫大な戦費を負担し、それを紙幣の発行でまかなったため、極度のインフレが発生した。この時期大蔵卿（現財務大臣）となったのが松方正義であった。彼は無理な増税等により紙幣を回収・消却するという強引な政策を実施し、インフレをデフレに落とし込んだ。これがいわゆる松方デフレ政策である。

急激な物価下落は、農民特に米や繭を生業としている人々の生活を直撃したのである。埼玉県の秩父や群馬県の南西部は山間地域であり、水田耕作には不向きで林業等とともに養蚕業が主なる生業であった。関東地方では秩父や群馬県の一部が最も大きな打撃を受けたと言ってよい。しかし、秩父地方の惨状等は事件関係の本でよく取り上げられているので、埼玉県の他地域の状態をあえて見てみよう。

松方デフレ期の東松山地域（比企郡）の実情を報告したものに「埼玉県惨状視察報告」（『郵便報知新聞』明治一八年六月）がある。この報告は加藤政之助（埼玉県議会議員）によるものである。加藤の報告によれば、「比企・横見両郡は他郡に比較すれば、生活困難の度合が軽いことは聞いていた。松山町は不景気になっても著しく商売が衰退するまでにはなっていないが、市内は何となく寂寥として、生活は質素を極めている。但し田舎では、飢餓に近い状態である。貧民は食糧が尽き田螺や雑草等を食べ、飢えを凌いでいる。また家屋を売るものは特に増加し、村の到る所に五・六軒の売家がある。」という状態で、さらに「両郡の人民は物価の下落のため、負債が増加し、驚くべき巨額となっている。正式な手続きを踏んだ負債額だけでも両郡で合計一五〇〇万円弱、一戸平均一〇〇余円となる。このため裁判所から「身代限り」（破産）を申し渡される者、公売処分を受ける者が増加している」と続けている。（『東松山市歴史寸描』）

松方デフレの影響は秩父地方以外でも本当に厳しい状態であった。秩父事件の背景に松方デフレ下の不況が言われるが、他地域でも程度の差はあれ経済的困窮に襲われていたことは記憶しておきたいことである。

事件の発生

松方デフレの巨大な波は、この時期の世界的な不況とともに津波のように秩父盆地を襲った。秩父は既述した通り山間地域であり、水田耕作には向いておらず、現金収入は生糸生産すなわち養蚕業に頼っていた。

それでも生糸は、明治当初日本の輸出品の花形であり、相場も高く明治維新以来好況が続いていた。しかも秩父の農民は、養蚕で得た利益を貯蓄等にはせず設備投資等にまわしていた。そこに生糸価格の暴落が起こったのである。つまり、農民の足元は脆弱であったといえるのである。

現金収入の激減した農民には、松方による増税は傷口に塩の状態であった。困窮した農民は生活のため、借金をせざるを得なかった。農民が借金をしたのは高利貸であったが、当時の高利貸業は信じ難い程、規制が緩く無法状態と言ってよい立場であった。非常によく知られているのが「切金貸し」という方法で、例えば一月に一〇円を借りたとすると、あらかじめ二円が天引きされる（天引利息）。しかも三か月で返済を迫られる（三月縛り）。農民は当然返済できないので、三か月毎に書き換えを行い、そのたびに利息が加算されてゆき一二月には金額は二六円となってしまうのである。

秩父の農民はこのため、「身代限り（破産）」や「自殺」「逃亡」等が続出するのであった。追い詰められた農民の中から、郡役所等に請願行動を起こす者が出てきた。これが坂本宗作・落合寅市・高岸善吉等とその「親分」的存在である加藤織平であった。請願行動は全く相手にされなかったが、自由党員でもある彼等が、やがて秩父事件の中核的存在となるのである。

明治一七年になると、農民の困窮状態はさらに進んだ。有志の農民達は官憲の眼を避けるため、山林で集会を繰り返し、前途の方策を話し合った。請願を幾度となく繰り返しても効果のないことを悟った農民たちに「武装蜂起」という考えが起こっていた。その武装蜂起の指導者として衆目の一致したのが、大宮郷で代言人等を務め周囲から信頼の厚かった田代栄助であった。

蜂起に消極的であった田代を説得し、田代も納得したのが九月のことであった。その後も度重なる山林集会等を開き計画を煮詰めていったのである。そして一〇月下旬の粟野山会議において、一一月一日の蜂起が決定した。

武装蜂起にあたり、決起日の一一月一日に先駆けて動き出したのが風布・金尾村（現寄居町）の人々であった。いわゆる「風布組」である。彼等は一〇月三一日に風布村金毘羅神社に集まり行動を起こした。同日上日野沢村の小前耕地で蜂起前最後の会議（小前会議）が開かれた後、困民党の重要な幹部である新井周三郎等は手始めに金崎村の高利貸永保社を襲撃した。その後困民党の動きを察知した警官隊と吉田町で衝突し、警官に死傷者がでた。困民党は最早引き返せないところに来たのである。

事件の展開

一一月一日夕刻、吉田町の椋神社には三千名を越える農民が集結した。困民党軍の編成は次の通りであった。

総理	田代栄助
副総理	加藤織平
会計長	井上伝蔵
副会計長	宮川津盛
参謀長	菊池貫平
甲大隊長	加藤周三郎
副大隊長	大野苗吉
乙大隊長	飯塚森蔵
副大隊長	落合寅市
小隊長	高岸善吉
同右	犬木寿作等

秩父事件結集の地「椋神社」

兵糧方　　井上善作　新井繁太郎等
軍用金集方　井出為吉　宮川寅五郎
弾薬方　　守岩次郎吉等
鉄砲隊長　新井駒吉等
小荷駄方　小柏常次郎等
伝令使　　坂本宗作　門平惣平等

また蜂起にあたり参謀長菊池貫平から次の軍律五カ条も告げられる。

第一条　私に金円を略奪する者は斬
第二条　女色を犯す者は斬
第三条　酒宴を為したる者は斬
第四条　私の遺恨を以て放火其他乱暴を為したる者は斬
第五条　指揮官の命令に違背し私に事を為したる者は斬

秩父事件が他の福島事件・加波山事件・群馬事件等の激化事件と明らかに異なるのが、この整然とした軍編制と軍律の厳しさである。近年研究者の中で、事件を近世以来の「負債農民騒擾」の延長上に位置付けようとする傾向があるが、ある程度の長期戦に備えたこの体制を「負債農民騒擾」とするのは無理があると考える。

困民党軍の進撃の目標は大宮郷であったが、困民党軍はまず小鹿野に進攻する。甲隊・乙隊の二手に分かれ、甲隊は下吉田方面から、乙隊は巣掛峠を越えて西側から進入し、高利貸業者や警察・役場等の公的機関を襲撃する。両隊は合流し、その夜は諏訪神社（現在は小鹿神社）に宿営し、本陣とした。

二日早朝、困民党軍は大宮郷に向けて出発した。大宮郷の境である小鹿坂峠を越え、音楽寺の鐘を合図に、荒川を一気に渡河し、ついに大宮郷に突入する。大宮郷では積年の恨みが爆発するように警察・裁判所・役場・そして秩父郡役所を襲撃した。襲撃と言っても書類・帳簿等を焼却することが主であった。そして大宮郷は一時困民党軍に占領されたのである。本陣と定めた郡役所には「革命本部」の看板が掲げられた。伊藤栄郡長は進攻前に逃亡しており、裁判官・警察官等主だった公官吏も同様であった。大宮郷は文字通り「無政の郷」になったのである。困民党軍は大宮郷で資金・武器・食料の調達を行い、要請に従わない高利貸にはさらなる襲撃をかけたのである。襲撃と言っても無闇なものではなく、あくまでも資金調達等の要請に応じない相手に限るという、非常時にしては本当に抑制された行動であった。

三日になると軍隊・警察が向かっているという伝令を受け、本陣では急きょ困民党軍を甲乙丙の三隊に再編成した。総理田代は丙隊に属し、郡役所から動かなかったが、甲・乙隊が誤報

秩父郡役所跡（現秩父地方庁舎）

によって迷走し、統制がとれなくなった。丙隊の田代は仕方なく、本陣を出発し皆野に移動し、ここで乙隊が合流し新たな本陣をつくる。その後親鼻の渡しで困民党軍と憲兵隊が銃撃戦となった。しかし、憲兵隊の銃が不備だったため、憲兵隊が退却した。

四日午前、甲大隊長の新井周三郎が捕虜の警察官に斬られ重傷を負うという事件が起き、折から憲兵隊が体制を建て直し迫ってくるという情報も入った。総理田代はこの時持病の胸痛が起こり、精神的・肉体的に追い詰められ、田代はひそかに本陣を離脱した。井上伝蔵等の幹部も同様に離脱し、ここに本陣は崩壊したのである。この頃政府も事件鎮圧に本腰を入れ、警官隊・東京からの鎮台兵が続々と秩父に向かっていた。

四日夕刻、甲副大隊長大野苗吉が率いた困民党軍は、秩父・児玉の境である出牛峠を抜け、児玉に向かっていた。児玉町の金屋で深夜鎮台兵と衝突し、圧倒的な武力の差により敗北した。いわゆる金屋戦争である。一方、乙副大隊長落合寅市は、秩父・比企の実質的な境である粥新田峠を越え、一時坂本村連合戸長役場に陣を構えるが、警察・軍隊の動きを察し、粥新田峠まで退いた。五日早朝、追ってきた軍隊・警官隊と銃撃戦になり、敗北した。小川方面に出ようという動きはここに鎖されたのである。

事件の終息

本陣は崩壊し、参加した農民も大半が戦線離脱してしまったが、参謀長菊池貫平は諦めなかった。彼は困民党軍を再編制し、自ら総理となった。副総理には坂本宗作が就き、菊池の故郷である信州での再起を目指すこととなった。しかし、集まった農民はわずか一五〇名程であった。四日夜半上吉田を出発した再編制困民党軍は、吉田川に沿って進み、五日正午頃上州境の矢久峠にいた。彼等はここから神流川沿いの山中谷に降りてゆくことになる。山中谷は東へ行けば藤岡・高崎につながり、西を進めば十石峠を越えて信州へ抜けることができた。困民党軍は先見隊が青梨村に降り、本隊は魚尾村に降りた。その後魚尾村で両隊は合流した。魚尾村・神ヶ原村の戸長役場で食料調達・人足の駆り出しを行った後、夜に神ヶ原村の神平尾小学校に宿営した。

山中谷集落から矢久峠方面を望む

山中谷の各連合村では事前に事件の情報が入っていたた

め、自警団が形成されていた。六日朝その自警団と困民党軍は、神ヶ原・魚尾間にある川中で衝突した。この「川中の戦い」については、章を変えて述べたい。戦い自体は数十分で終わり、死者は出なかったが、困民党軍は一〇名以上が自警団に捕まった。結果的に見れば困民党軍の敗北であった。

川中の戦いで敗れた困民党軍は神ヶ原の隊に合流し、神流川沿いに西に向かい、六日夕刻楢原村の白井という集落に着いた。困民党軍は途中の村で駆り出しをかけたため、人数は三〇〇名を越える程になっていた。白井は山の中腹の小さな集落だが、十石峠への入口となっており、江戸時代には関所も置かれていた。その夜は白井に宿営し、七日朝信州へ向けて出発し十石峠を越え、大日向村に入った。大日向村では龍興寺に宿営した。

八日朝、困民党軍の坂本宗作等は地元の農民の要望にも答えて、高利貸業を営んでいた浅川三家等を襲撃した。

その後午前九時頃佐久へ向けて出発した。困民党軍はここで二手に分かれ一隊は海瀬村に入り、もう一隊は武州街道を舘というところで左に折れ、崎田方面に向かった。両隊とも途中で食料調達や人足の駆り出しを行った。

やがて両隊は合流し、千曲川沿いを南に進み、夜は東馬流の井出直太郎家に宿営したのである。その頃高崎鎮台兵や警官隊は、佐久平に結集しつつあった。

九日早朝東馬流で困民党軍と鎮台兵の間で小戦闘があり、困民党軍は鎮台兵の武器に圧倒された。すなわち午前六時頃困民党軍は、鎮台兵に戦いを仕掛けた。しかし、困民党軍の持つ火縄銃は、所詮軍隊の村田銃の敵ではなかった。戦闘はわずか二〇分であり、困民党軍の犠牲者は一三名にのぼった。ちなみに官側は重傷者二名（一名は後に死亡）である。

東馬流で敗北した困民党軍は、諦めることなく甲州街道を南下し、海尻・海ノ口を通過し野辺山高原で憲兵隊の追撃に遭遇し、ばらばらとなってついに壊滅する。

一〇月三一日に秩父盆地に登った太陽は、一瞬の輝きを見せ、乱反射しながら一一月九日、信州野辺山高原に沈んでいった。

しかし、困民党軍の放った閃光は、一四〇年の時を越えて、今もなお現代日本社会の暗闇を浮かび上がらせている。

事件後の動き

秩父事件後の警察の動きは、事件の対応に比べて迅速であった。大宮郷や熊谷に臨時の取調施設を設け、取調べを開始した。取調べは過酷であり、例え自首した者でも鞭打ち等から聴取が始まった。しかし、参加した農民の大半は罰金刑であった。政府や裁判所はこれだけ多くの参加者たちを見過ごすわけにはいかず、かといって重罪等で扱えば、蜂起の目的等が俎上にのぼることになり、後に大きなしこりが残ることになる。政府としての妥協的な判断であった。とにかく、高い目標を持った行動ではなく、政府としては、ただの「暴動」として一刻も早く葬り去ることが目標であった。

一方、田代栄助や加藤織平等の幹部も続々と逮捕され、裁判にかかった。裁判については春田国男氏等の詳細な研究が出ているので詳述しないが、際立ったスピード裁判であった。総理の田代栄助は一八八四年一一月に逮捕され、二月に公判が開かれた。そして五月には熊谷で死刑が執行される。弁護や反論の隙を与えない結論ありきの形式的な裁判であった。他の幹部も同様な処置であった。これもまた一般参加農民に対する裁判と同じで、社会への見せしめとともに、裁判を長引かせ蜂起の実態が明らかになることを政府が恐れたためである。

裁判の結果、死刑は田代栄助を含め五名（井上伝蔵・菊池貫平は欠席裁判）、重罪二九六名、罰金科料二六四六名（埼玉県）等である。後に事件参加者は「暴徒」、そして事件自体は「秩父暴動」「秩父騒動」等と呼ばれるようになり、日本近代史の奥底に封じ込められた。事件参加者の子孫は、事件について口を閉ざすようになり、差別や偏見の対象ともなっていったのである。

しかし、一九六〇年代の安保闘争等を契機として、自由民権運動の研究が盛んになったことにともない、秩父事件や他の激化事件の研究も深化し、評価が高まった。秩父事件に関して言えば、近代民衆史の新たな地平を開いた色川大吉氏の研究や、秩父出身の井上幸治氏（フランス史）の研究が著名である。特に井上氏が一般向けに書いた『秩父事件』（中公新書）の影響は大きく、そこに記された「秩父事件は自由民権運動の最後にして最高の形態」という事件評価は決定的であったと言える。

その後一九八四年の秩父事件一〇〇周年で、秩父事件の研究はある種のピークを迎えることとなった。著者はその頃から研究を始め、多忙の中、断続的に現地調査等を繰り返してきた。教科書にも今や太字で取り上げられ、評価も定まり、顕彰も十分だと思っていたが、現地調査等をしてみると意外な面にぶつかることが多かった。それは事件調査で聞き取り等を行っていると、未だに口の重い子孫の方が少なくなかったことである。また困民党に襲撃された側に聞くと、「暴徒」という言葉は遣わないが、それに近い言葉で語ってくれたことが少なからずあったことも事実である。

この国では、「政府に抗議する、或いは異議を唱える」、もっと平たく言えば「社会を改革するために動く」ことの難しさは想像以上のものがあり、それが日本近代一五〇年以上も続き、現代社会にも絶大な影を落としている。秩父事件研究は現在やや低調の感は否めないが、その重要性は今こそ増している。

研究史の動向

「はじめに」でも記したように秩父事件に関係する本は、他の激化事件と比較しても格段に多い。専門の研究者から一般の方まで、内容も多種多彩である。また、史料も『秩父事件史料』（埼玉新聞社）・『秩父事件史料集成』（二玄社）等を筆頭に、事件に関係した市町村史も含めればこれまた膨大な量となる。秩父事件の研究史を詳細にたどることは、この本の趣旨ではないので近年の動向を簡単に見ることにする。

秩父事件研究に画期をつくったのは、何と言っても既述した井上幸治氏の『秩父事件』である。専門の研究者だけでなく、広く一般の読者にも秩父事件の存在と意義を広めた功績は本当に大きい。秩父出身という研究動機と、フランス革命研究の泰斗である井上氏の畢生の著であり、地元の事件という情熱と研究者という冷静さが奇跡的に調和した本である。氏の評価は言うまでもなく事件を終盤に差し掛かった自由民権運動の「最後にして最高の形態」というものである。

他の研究者も井上氏の見解に追随するものが多かったのであるが、一九八四年の事件一〇〇周年頃を境に研究動向に変化が生まれた。すなわち、秩父事件を自由民権運動の流れではなく、幕末以降の世直し一揆の延長や、事件と同時期に起こった負債農民騒擾の変奏だと捉えるものである。ここでそれらの研究を詳述している余裕はないので、ごく最近の研究から松沢裕作氏と藤野裕子氏の見解を見てみたい。

松沢氏は『自由民権運動』（岩波新書）の中で、秩父事件の概要を述べた後に、「負債農民騒擾としての秩父事件」という見出しを設けている。秩父事件の要求項目は、同時期に起こった負債農民騒擾に類似しており、事件は負債農民騒擾であると述べている。が、一方で秩父事件は、他の激化事件とは隔絶した規模で起こり、鎮圧に軍隊まで投入したという点で、単なる負債農民騒擾でもなければ、激化事件でもない「特殊な事件」であるとしている。さらに自由党との結びつきを言えば、事件の幹部に自由党員が少なからずいたということで、自由党との関係も無視はできない。松沢氏は政府に異議申し立てをする自由党と秩父農民の解放幻想が切り結び、このような事件に拡大したとしている。

近年『民衆暴力』（中公新書）を出版し、日本近代の「民衆暴力」をエポックとなるような事例を取り上げ解説した藤野裕子氏も、秩父事件に注目している。藤野氏も事件を捉える視点として「自由民権運動か、負債農民騒擾か」という見出しを付けており、松沢氏の見解と実はそれほど違いはない。秩父事件は自由民権運動が掲げる自由や権利の獲得ではなく、特に一般農民は伝統的な世直し一揆的な要求を出るものではなかったとする。では、負債農民騒擾かと言えば、松沢氏のいうように大規模な蜂起までに至ったことを考えると自由民権運動との関わりを考えざるを得ないとしている。藤野氏の結論は「秩父事件はあるべき仁政が行われないことに対する怒りや、自由党に幻想的な解放を求める民衆の願望が混ざり合って起きた暴力行使であった」ということである。

さて両氏に共通しているのは、秩父事件を「純粋な」自由民権運動とはしないことである。また事件を伝統的な世直し一揆や同時期の負債農民騒擾と結び付けていることもそうである。ただ松沢氏も藤野氏も、事件の評価に迷いがあることも事実で、最後には両氏とも特殊な事件だとしている。

秩父事件研究は、現在この論点で研究が止まっている。しかし、伝統的な一揆や負債農民騒擾なのか、それとも自由民権運動かという論点は、正直それほど意味はないのではないか。自由民権運動研究を戦後牽引してきた色川大吉氏は『秩父事件史料集成』の月報で「百姓一揆か自由民権の蜂起かというケチな問題ではない」と述べている。それは官側が「事件を西南戦争に準ずるものとして捉えた」ことでもわかるだろうと述べている。

それと「純粋な」自由民権運動はあったのかという問いにも行き着く。「自由・権利」を標榜し、それを政府に要求した上層の「自由民権」とは一体どのような思想であったかを解かなければならないことである。もっと言えば「自由民権」が、貧困や人権侵害に苦悩する底辺民衆を包摂できなかったのは何故なのかを解明しない限り、自由民権運動の全体像は見えて来ない。『自由党史』は秩父事件を「埼玉の暴動」とし「実に一種恐るべき社会主義的性質を帯びたもの」と切って捨てている。このように民権運動の「本質」が見えない限りにおいて、秩父事件の評価を定めることは難しいとも言える（巻末の付論を参照して欲しい）。

しかし、あえて言えば、長年の現地調査等を行ってみて、秩父事件を自由民権運動から切り離すことは出来ないし、どうしても無理がある。これもこの本の趣旨ではないので詳述はしないが、一つだけ言えば震源地の埼玉県、そして波及した群馬県も、事件には自由党員の影響が非常に大きいことである。自由党員抜きにして事件の発生はとても考えられない。それだけは述べておきたい。

さて、次章からこの本の本題に入る。これだけの規模の秩父事件でありながら、何故同調者が少なく、拡大しなかったのかを探りたい。そのために従来の研究ではあまり注目されることのなかった秩父の近接地域の動向を探ることで解明してみたい。近接地域と言っても広大なので、秩父郡と昔から交流の深い、比企地域、大里・寄居・児玉地域、飯能・名栗地域、そして群馬県南西部通称山中谷を対象とする。

第二章　比企地域

東松山・滑川地域

秩父事件発生の知らせは、事件発生の一一月一日以降続々と、埼玉県内に届いた。秩父から遠い県東部地域には目立った動きは確認できないが、秩父郡に近接する地域は、前代未聞の事件に浮足立つとともに、比較的早期に対処に動いたことが、史料等で確認できる。

そこで、比企郡の動きから追ってみる。比企郡は松山町（現東松山市）を中心に小川・嵐山・滑川等の町村がある。まず中心である松山町の動きを見たい。松山町も「はじめに」で記したように松方デフレの波に襲われ、程度の差はあれ生活が困難であった。事件に呼応した動きがあってもおかしくない状況だったが、町民の動きは困民党とは全く違っていたのである。

松山町では一一月一日の事件発生直後から、事件に対する警備の体制がつくられる。最初は士族三名を中心に六〇名が、旧陣屋に集合所を設置し、三日より警備を始めた。旧陣屋とは、おそらく松山陣屋のことで、松山陣屋は前橋藩の飛地である比企地方を支配するため、現在の東松山市役所に置かれた。ここが警備の拠点となったと考える。史料によればこの警備体制は、警察等からつくれと依頼されたという記録がないので、自発的につくった「自警団」であったと考える。これとほぼ並行して松山町の戸長吉田由太郎以下有志七名を軸に、自警団が発足する。この自警団は、町の十二の主要箇所にそれぞれ三名の指揮官を配置し、その下に二〇名以上の警備人員を置いた。自警団は合図を決め、いざという時は武器等を携帯するように申し合わせが出来ていた。総数は五三七名にのぼり、三日から五日まで警備を行った（『秩父事件史料集成』以降の引用は『集成』とする「埼玉縣比企横見郡役所」）。

松山陣屋跡（現東松山市役所の碑）

松山町の自警団形成の動きはこれだけではなく、松山町郊外の戸守・中山・毛塚方面でも有志が自警団に参加しようという動きを示していた。有志というのは剣道経験者であり、実際に自警団に参加し、見回り等を行った。

その他個人で参加を願いでた者も二名が記録されている。（『集成』「埼玉縣比企横見郡役所」）

さて右の史料からわかることは、迅速な警備体制の構築である。特に強制されたわけではなく自警団が形成され、厳重な警備がされている。しかも参加人数が短時日なのにもかかわらず五〇〇名以上だと言うことも驚かされる。日頃からこのような訓練や演習を行っていたとは考えにくいので、町民の危機感がいかに高かったが伺い知れる。

松山町の西隣に位置する滑川地区も見てみると、南部の月輪村（現滑川町月輪）に大塚多恵八

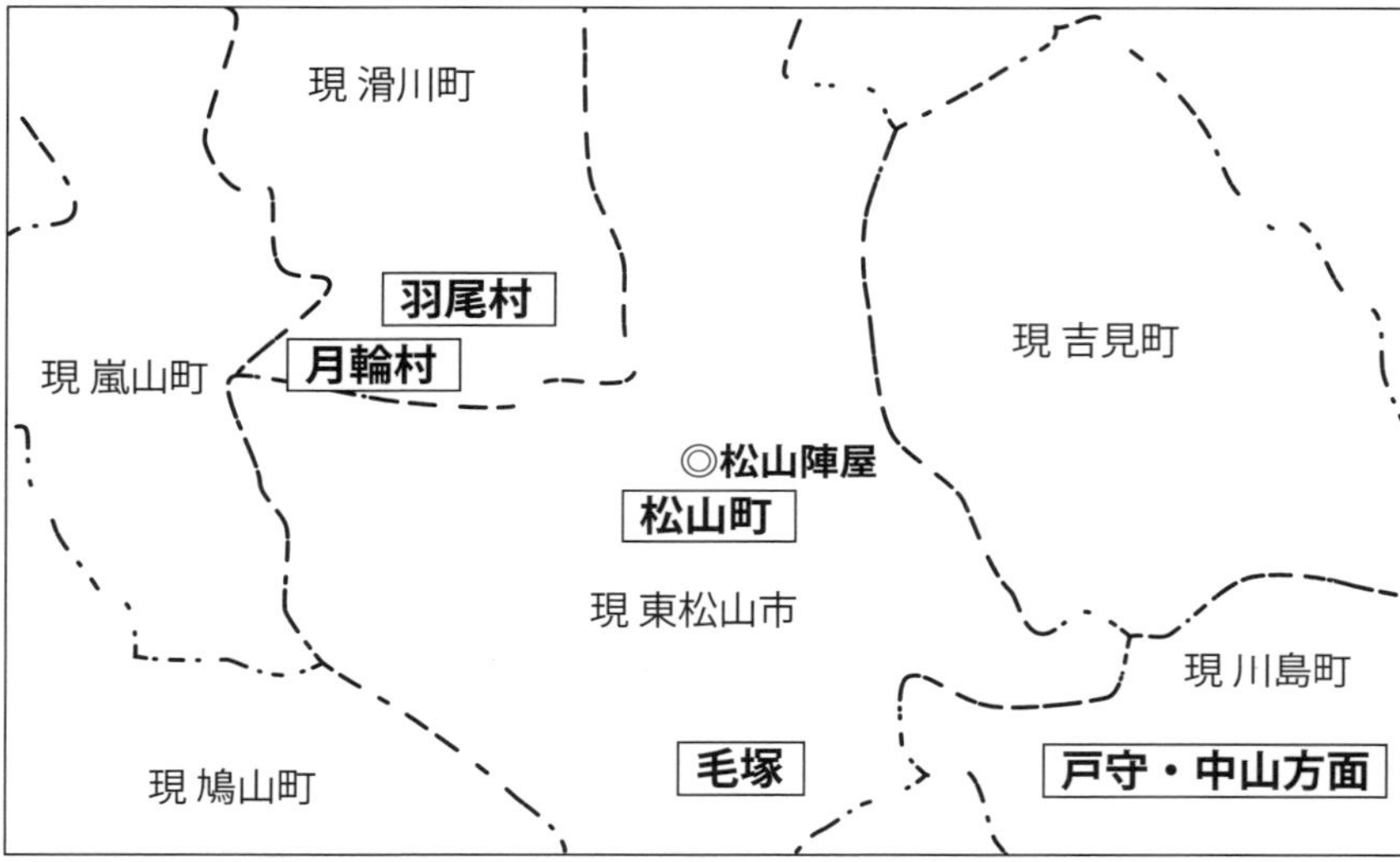

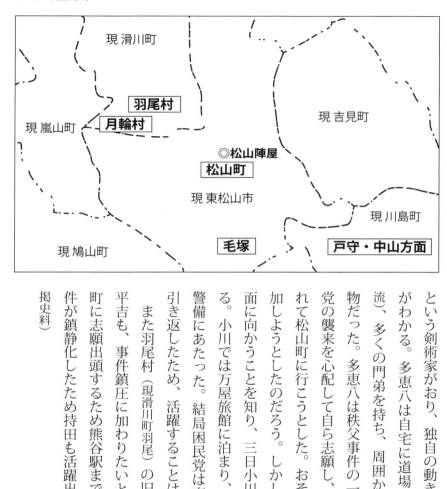

という剣術家がおり、独自の動きをしていることがわかる。多恵八は自宅に道場を構え（甲源一刀流）、多くの門弟を持ち、周囲から信望の厚い人物だった。多恵八は秩父事件の一報を聞き、困民党の襲来を心配して自ら志願し、門弟十数名を連れて松山町に行こうとした。おそらく自警団に参加しようとしたのだろう。しかし、警察が小川方面に向かうことを知り、三日小川に行ったのである。小川では万屋旅館に泊まり、ここで八日まで警備にあたった。結局困民党は東秩父まで来て、引き返したため、活躍することはなかった。

また羽尾村（現滑川町羽尾）の旧陸軍兵卒の持田平吉も、事件鎮圧に加わりたいということで寄居町に志願出頭するため熊谷駅まで出向いたが、事件が鎮静化したため持田も活躍出来なかった。（前掲史料）

【コラム　大塚多恵八】

大塚多恵八は、一八四九（嘉永二）年、比企郡の赤沼村（現鳩山町）の吉田家に生まれた。一八歳の時から秩父小鹿野の甲源一刀流の逸見道場で剣術を学んだ。逸見道場には現在資料館があり、そこに弟子の番付が表で貼り出されているが、多恵八は最上位で師範代クラスに記されている。剣の腕も確かなものだったのだろう。その後比企郡月輪村（現滑川町）の大塚家に婿入りし、道場を開き多数の弟子を育成する。やがて宮前村（現滑川町）の初代村長になる。

その後県会議員、郵便局長を歴任する。多恵八は秩父事件のおりに既述した通り、門弟十数名を連れて小川地域の自警団に参加する。結局困民党側が引き返したため、多恵八の活躍する場はなかった。しかし、事件警備に対する褒賞として山岡鉄舟から直筆の扁額を受ける。また剣豪榊原健吉から鉄扇と杖をもらう。扁額は残念ながら行方不明であるが、それ以外の褒賞品は残っており、近年滑川町の文化財に指定された。なお、鉄舟が書いた扁額には、事件を切って捨てるような言葉が記されている。江戸無血開城の影の功労者と言われる鉄舟が、事件をどう見たかを知れる貴重な史料である（扁額は写真が残っている）。

（参考『埼玉人物事典』）

小川地域

秩父事件における近接地区の記録は意外と多く残っているが、比企地域で最も緊迫したのが小川地域であった。小川地域は粥新田峠・定峰峠を越えれば、すぐに秩父盆地であった。事件以前から秩父盆地との往来・交流は盛んであった。その秩父で起きた大事件であるので、小川地域はとても他人事ではなかった。小川地域の当時の生々しい状況を伝える史料が小川町役場文書に残っているので、長くなるが引用したい。

『当連合は比企郡の西端にあり、秩父郡の安戸・御堂・奥沢・坂本・皆谷等の諸村落と境界を接している。昨年来秩父郡の人民に不穏の挙動がありと聞き憂慮していたので、一〇月三一日夜西北の方から大砲の音が聞こえたということで、人々は戦々恐々としていた。

一一月一日、小川分署より警部補・巡査等数名が寄居街道から秩父へ急行したことを知り、秩父郡の貧民が暴挙を起こしたと人民は心配した。

二日夜、秩父郡へ向かった巡査数名が暴徒に敗れ、逃げ帰ったことで、小川村連合内の人民や小川市中は暴徒が襲来すると思い警戒していた。

三日、近隣の貧民の中には、暴徒が来たら味方に加わろうとしている者がいると噂が流れたので、富豪や高利貸等は証書や金品等を大方片付けてしまった。そして鎌田警部は飯能へ、山室警部は坂本へ、吉峰警部は西平へ、いずれも巡査数十名を連れ、午後五時頃小川村を出発し、連合村内を通過した。西平へ向かう巡査隊の要求で鉄砲数挺を貸与した。人民の様子は前日と同様に騒然としていた。』

（『明治一七年一一月秩父暴動における連合人民内概況』小川町役場文書）

以上が史料の前段である。これを見ても小川地域がどれほど混乱していたかがわかる。史料の中に小川地域で「暴徒が来たら味方に加わろうとしているものがいる」という記述があるが、実地調査をした限りでは噂に過ぎなかった。むしろ東松山・滑川地域と同様に困民党軍を迎え撃つという意識が強かった。史料の後段にその迎撃体制、すなわち自警団の形成が記されているので再び引用する。

『一一月四日、午前一〇時頃暴徒の一部が押し入って来たという急報が西平村（現ときがわ町）からあったので、このままにしておくと、すぐに「暴徒」に連合内を乱暴されることは確実である。もはや少しも無駄にできる時間はない。小川連合と謀合して防御の計策をするため、各村々から強壮な人夫を募集したところ、腰越村九〇人、増尾村四〇人、青山村九〇人、上古寺村六〇人、下古寺村二〇人、五か村合計三〇〇余人がわずかな時間であつまった。そして富家質屋等にあるところの鉄砲・槍・脇差等をすぐに取り集め、それぞれの人に渡して一同に訓示した。今回秩父郡の暴徒は貧民党と申しながら、すぐに警察・裁判所等を破壊したのでその罪は容易ではない。だから当連合人民は決して「暴徒」に荷担する者はいないはずだが、もし一人でもいたら、厳罰を与えるべきなので、この趣旨を承知しろという「順逆の理」を説き、秩父郡の「暴徒」が比企郡を襲おうとするときは、徹底的に防御をして、彼らを追い払って地方の無事を謀ろうとするので、皆が一同尽力すれば他日必ず褒賞があるので十分尽力しなさいと言って三〇〇名を二手に分け一手は坂本口の腰越村切通の要害に陣をしき、一手は西平口の上古寺村学校に集まり、松郷峠および慈光山麓に分屯して防御に尽力した。同時に小川連合でも警備し、上横田連合から花火筒三個及び火薬等を取り寄せ、腰越村の切通に二門、上古寺村に一門備え付け、大砲の代用にした。この時日が暮れて月はまだ昇らなかった。既に夕食の炊き出しを準備している最中、小川連合より三〇〇余りの弁当が届き、それを食していたところ、坂本口に向かった警察が「暴徒」に追われて敗走し、切通の要害を通過する時、ここに踏み止まり防いでくれと懇願したが、聞いてくれず小川へ逃走した。

小川地域自警団の拠点 腰越切通

松郷峠（小川・ときがわ境）

後から続いて坂本村連合戸長白石氏、皆谷村関口氏がやって来た。「暴徒」に対して何もできないと言い、これまた小川へ走り去った。続いて奥沢村足立氏、御堂村連合戸長松沢氏、安戸村富沢氏等外秩父で屈指の人々が皆逃げて来て、切通の警備に合流した。この時坂本村の人々は大体暴徒に加わり、白鉢巻姿で今奥沢村に来て強迫中であると言い、暴徒らは直ちに小川村へ進入しようという勢いであるとのことであった。その勢いはいよいよ盛んであった。それでも統率者のいない烏合の衆である。その勢いを聞き少し躊躇したが、「暴徒」の挙動を探るため、精鋭の壮士一〇余名を選び、坂本村へ派遣した。丁度よくこの時青木伝次郎が精鋭数十人を引率して来た。大筒二発を放ち味方の勇気を鼓舞した。それより二〇〇余人一同はときの声を上げて余威を示し、暴徒が来れば一人残らず搦め捕ってしまおうと待っていた。また暴徒の方でも夜中小川村まで進入しようとしていたが、切通が厳重に警備されていると知り、奥沢・御堂・安戸の人夫を脅迫して多勢でもって一戦をして切通を破り小川に入ることを申し触れている旨を探偵が帰って報告したので一層厳しく警備していた。老人と子どもは後口の山に隠れ、諸道具等は悉く皆片付けてしまった。

五日午前三時には東京鎮台兵六〇余名と巡査隊五〇余人が切通まで、当連合人民が守っている砲台は、直ちに兵隊に明け渡して坂の東まで引き上げた。それから陸軍兵士は同所に二時間余り止まり、同五時三〇分坂本村へ向けて進軍した。四日午後六時の巡査の配送から五日午前三時の陸軍兵士到着まで一〇時間にも満たない時間ではあるが、この間当連合人民の一致防衛がなければ暴徒に腰越・小川二連合内を踏み荒らされるのは確実である。それなのに前述したように暴徒が進入しないことは、ただ単に連合人民の幸福のみではなく本郡人民の大きな幸せである。依って去る一日から五日までの当連合内人民の概況を申し上げました。』

（前掲史料）

長くなったが重要な史料なので、あえて全体を引用した。この史料から小川地域の切迫した状況が手に取るようにわかる。恐らく情報が錯綜し、真実を見極めるのは相当困難であったことが読み取ることが出来る。

さて、小川地域でも東松山地域同様に、困民党に同調する動きは見当たらない。小川地域も一般民衆は生活が楽だったとは考えにくい。しかし、同調するどころか、すぐに自警団が出来て、防御のための行動に移っている。しかも三〇〇名以上の人々が銃や刀・槍等の武器を携行してこれも短時日のうちに集まっているのはある意味驚異としか言いようがない。自警団自体も非常にしっかりとしたものであった。それは、同右史料の中で、「切通で警備を行っていた時、東秩父で困民党軍と戦い敗れた警官隊が逃げて来た。自警団が警官にここに踏み止まって防御してくれと依頼したところ、相手にされず警官隊が人民を捨てて逃げていってしまった」という逸話からでもわかる。またこのことは自警団が警察等と連携せず文字通りの「自警団」であったことの証明でもある。

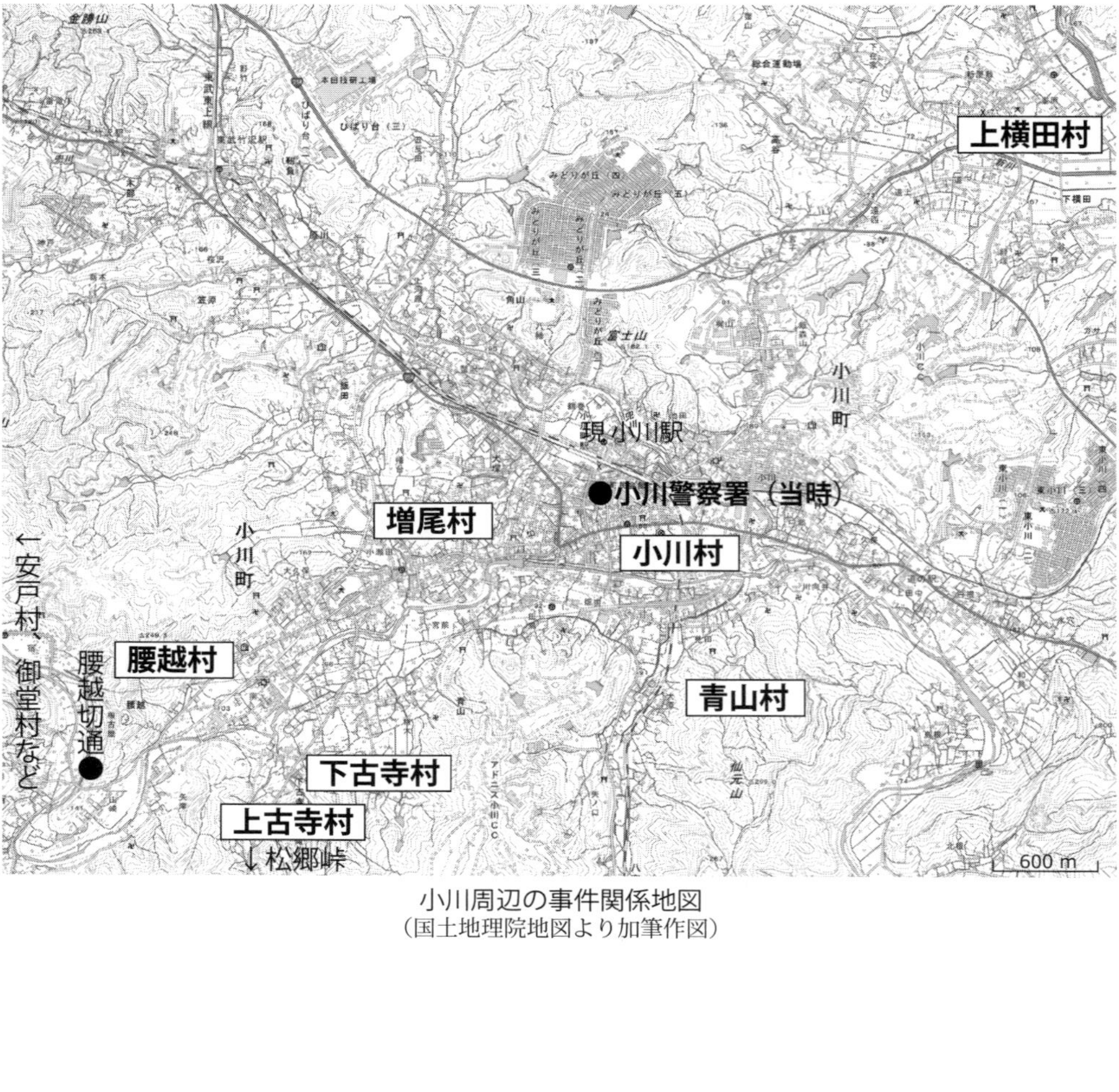

小川周辺の事件関係地図
（国土地理院地図より加筆作図）

何故このような自警団が素早く形成されたのか知りたくて、自警団について、小川町を調査した。対象は右史料に出てくる小川村の青木伝次郎の子孫の方であった。子孫の方はこのように素早く自警団が形成されたのは、逆登ること一八年前の「武州世直し一揆」の経験が生きていたからだと言っておられた。武州世直し一揆のことは後述したいが、幕末に発生したこの一揆は、現在の埼玉県西部と群馬県南部、そして東京都の多摩を巻き込み、一〇万人以上が参加した未曽有の規模の民衆運動であった。一揆勢は小川地域にも来襲し、豪農や商家等に打ちこわしをかけた。青木家も襲撃を受け、大樽を壊された。一八年前のまだ生々しい記憶があり、その経験が素早い自警団の形成を促したのだろうということであった。

それと小川地域でもう一つ触れなければならないのは、事件の警備費について多額の寄付金が集まったことである。寄付を行ったのは、戸長や富農等の有力者である。寄付関係の史料を見ると、寄付をしたのが六名であり、金額は多少の差はあるが、平均して二五円であり、総計で一七五円になる（小川町役場『岡本秀夫家文書』）。現在の金額に直すのは難しいが、仮に当時の一円を現在の二万円とすれば総計で三五〇万円になる（当時の貨幣価値については諸説あり確定されていない）。現在の三五〇万円も決して低くない額であるが、これが事件後わずか一〇日程で集まったことは、これまた驚きというしかない。この寄付金は自警団に参加した人々に日当として支払われている。警察や官側は指導者として活躍した者には「木盃」を授与するのみで金品は与えていない。このことも事件警備が官側の要請ではなく、自発的なものであったことの証拠ではないか。

東秩父・ときがわ地域

東秩父は比企地域ではないが、小川町の西に近接し、生活圏は小川地域の方が親密であるので、便宜上比企地域として扱いたい。東秩父（当時は坂本村連合等と呼ばれていた）は、事件の概観で触れた通り、困民党軍が粥新田峠を越えて、実際に降りて来た場所で、比企地域で事件の最前線に立たされた場所であった。

一一月四日、落合寅市に率いられた困民党軍は峠を越え坂本村に降りて来た、坂本村連合戸長の福島氏の家族は、困民党の動きを事前に察知して裏山に避難済みであった。戸長役場は困民党軍に銃撃を受け、結局ここが困民党軍の本陣となる。本陣となった戸長役場では困民党軍に対して炊き出し等も行われた。坂本村には福島敬三という地域では知られた自由党員がいた。落合たちが福島敬三を知らないとは考えにくいので、もしかすると敬三を頼って来たことも十分考えられるが、確たる証拠はない（戸長役場の福島家は敬三の親戚）。事件後福島は警察等の尋問を受けるが、最後まで事件との関係を否定しており、結果無罪になっている。落合たちは小川方面への活路を探っていたが、結局軍隊・警察の派遣を知り、五日早朝峠に退き、官側と銃撃戦を行った。しかし、人員・武器等の貧弱さは如何ともし難く、秩父盆地に引き返すことになる。

【コラム　福島敬三】

福島敬三は、一八五五年坂本村（現東秩父村）に生まれた。福島家は地域屈指の富農であり、戸長を務める家柄であった。敬三も戸長役場筆生を務めた。進取の気性に富んだ彼は、新しい思想に触れ、一八八三（明治一六）年に自由党に入党した。敬三の家には赤い「自由民権」と記された旗があったが、事件後はそれを見た人はいないので処分されたのではないかということである。

敬三は行政上でも思想上でも地域の指導者の一人であった。困民党側でも当然敬三に接近してきたが、ついに同調することはなかった。敬三は事件後、警察等からかなり長い尋問を受け、その調書は読むことができる。しかし、敬三の発言は終始曖昧なものであった。行政上の指導者という立場もあるのだろうが、秩父事件には冷ややかであったと言わざるを得ない。尋問の結果は無罪放免であった。事件後敬三の立場は微妙で、官側・困民党側にも良い顔をしたので、周囲からは快く思われなかった。しかし、敬三がこのような曖昧な行動をとったため、東秩父で困民党側・官側で大きな被害等は出なかったとも言える。東秩父で小川や東松山のような本格的な自警団が結成されていたら、民対民の戦いとなっていたかも知れない。

（参考『埼玉人物事典』）

一方、東秩父の南側に隣接するときがわ地域の状況はどうだったろうか。ときがわ地域も白石峠等を挟んで秩父地域と近接している。ときがわ地域の西部は、古くから秩父地域とつながりがあったはずである。

ときがわ地域にも早くから自警団結成の動きがあり、実際に結成された。警備の中心となったのは現ときがわ町の西部の西平地区（当時は西平村）である。中心となったのは、戸長の峰岸茂三郎以下一一名である。それに随行したのが三九名であった。つまり総計では五〇名となる。自警団は一一月三日夜から五日午前まで、西平村の西部秩父郡との境である横道という場所で警備を行った。（『集成』「埼玉県比企横見郡役所」）

ときがわ地域横道（ときがわ町同名バス停）

さて、秩父事件発生時の比企地域の様子は右のようなものであった。繰り返すこととなるが、比企地域では事件に同調する動きはほとんどなく、間髪を入れず比較的大きな町を中心に自警団が結成されていることがわかる。しかも参加者も多い。ちなみに単純に計算しても東松山・滑川地域でおよそ五〇〇人、小川地域で三〇〇人、ときがわ地域で五〇名である。記録されているものだけでも総計九〇〇人近くの自警団が集まったのである。用意周到に計画された秩父事件参加者が、少なく見積もって三〇〇〇名としたら、これほど短時日で集まった自警団の数字は、何度も記すが驚異というしかない。困民党軍本隊が結集して、粥新田峠・定峰峠を越えて比企地域に来たとしたら、警察・軍隊とともにこの自警団と戦うこととなったのである。

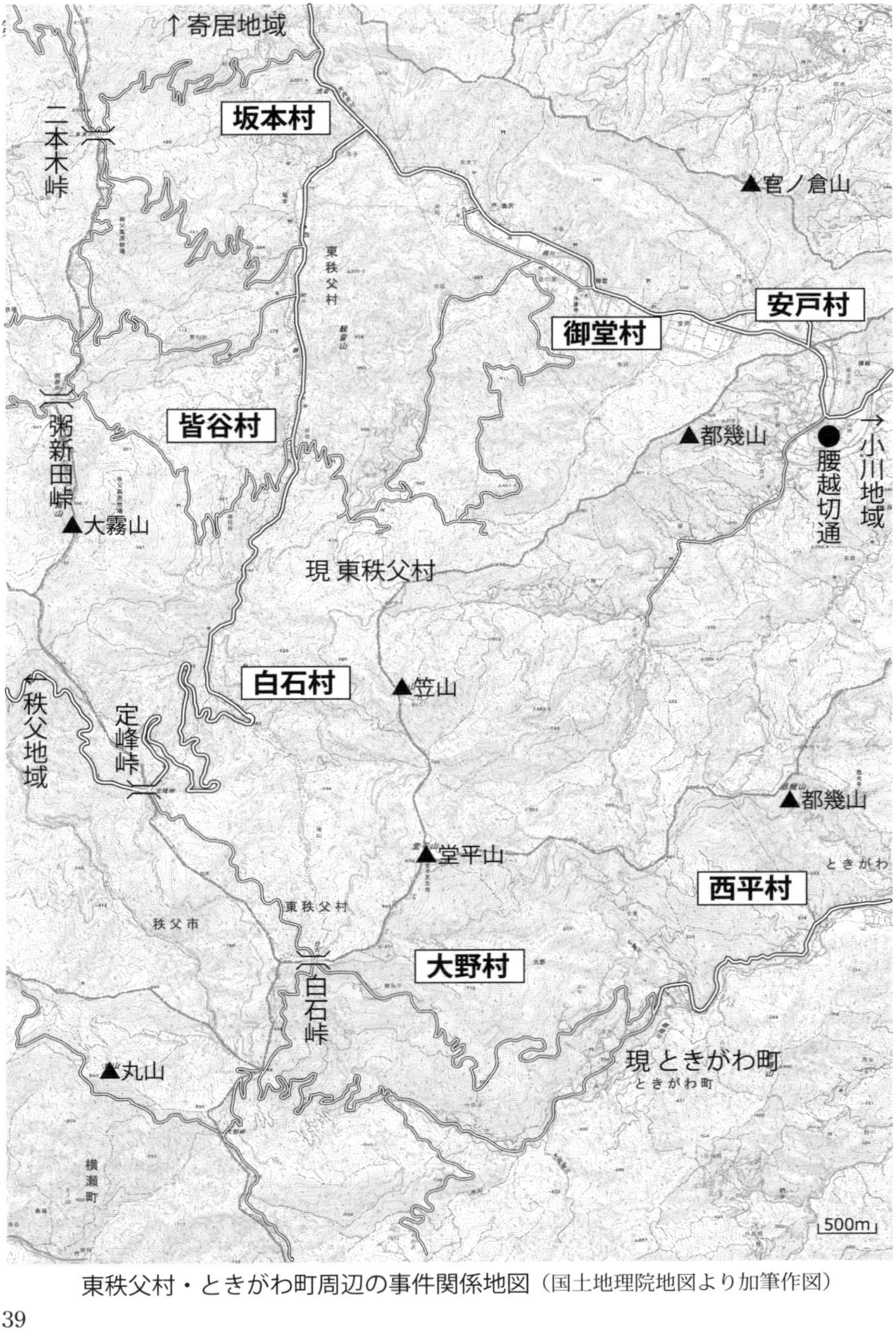

東秩父村・ときがわ町周辺の事件関係地図（国土地理院地図より加筆作図）

第三章　大里・寄居・児玉地域

大里地域

秩父事件の一報は大里・寄居・児玉等の埼玉県北地域にも早くにもたらされた。県北の中心都市といえば熊谷・深谷地域である。その中で事件関係の史料が残っている深谷地域を見てみよう。深谷宿戸長である大澤喜平の報告があるので、それを引用してみる。

『秩父郡内の暴民が蜂起し、役所や民家を焼き打ちし、その勢いはすさまじく、同調者は各村に広がっている。当郡内（当時は榛沢郡）でも暴徒に呼応して、密かに暴挙を企てる者があると聞いている。一一月四日夜に深谷宿を襲うという噂が流れ、深谷宿の人々は戦々恐々として、動揺が収まらない。万が一の事を考えて、宿の各町惣代人と協議し、非常事態に備える警備を設置する。また役場の書類等はすぐに必要な分を除いて、全て片付ける。特に警察署と隔離していては万事不都合なので、警察署前の民家を借り受け、一一月五日役場を警察署前に移動し、八日まで四日間同場所にて役場事務を取り扱った。以下各町の警備場所と人数を報告する。

深谷宿　字田所町　一ケ所　人員　一五～六人
同　　　字相生町　一ケ所　人員　二〇人
同　　　字本町　　一ケ所　人員　二〇人
同　　　字仲町　　一ケ所　人員　二五人
同　　　字本住町　一ケ所　人員　二〇人
同　　　字稲荷町　一ケ所　人員　二〇人
右の通り報告する。　明治一七年一一月二六日
榛沢郡深谷宿戸長　大澤　喜平』（『集成』「埼玉縣大里旗羅榛沢男衾郡役所」）

この史料からわかることは、秩父郡から相当な距離がある深谷でも、事件の様子は伝わり、人々が動揺していたことである。深谷宿戸長を中心に、ここも間髪を入れずに一二〇名程の自警団が結成されている。また、困民党軍が役場や裁判所等の書類を破棄していたことも知っていたのだろう。役場の書類をわざわざ警察署の前の民家に移していることも注目される。役場は事件の終結まで、臨時営業を余儀なくされたのである。また自警団が警備していた場所は五カ所で、現在も深谷市にその町名が残る。現在の地図と重ね合わせると市街地への主要な入口は網羅していたことがわかる。深谷地域がこのように緊迫した状況で警備体制も整えていたの

に対して、熊谷地域ではこのような史料がなく、『熊谷市史』等にも記載がないところを見ると、警備体制はしかれなかったのだろう。熊谷は自由民権運動の結社「七名社」があり、民権運動の県北の中心であった。また困民党総理田代栄助が裁判後処刑された地でもあるので、事件当時の動きを伝える史料がないのは残念なことである。

寄居地域

寄居町は埼玉県の北西部にあり、秩父盆地から北流してきた荒川が、長瀞付近で東に向かって流路を変える。寄居は、荒川が平野に出てくる場所に位置している。

寄居町の西部、荒川を挟んで対岸にあるのが金尾・風布地区である。金尾・風布地区は第一章の概観でも記したように、秩父事件の震源地の一つであった。金尾村では大野福次郎や木島善一郎が中心となって村をまとめた。

一方風布村では、大野福次郎・大野苗吉・石田造酒八等が中心となって動いた。特に風布村では、ほぼ全戸が参加するという状況だった。金尾・風布地区をはじめとする周辺地域も事件発生当時、程度の差はあれ借金に苦しんでいた。金尾・風布は平らな場所がなく、山間地であり養蚕や林業が生活の命綱だった。風布地区のほぼ全戸が参加したという事実は、どれだけ経済的に追い詰められていたかの証明でもある。ちなみに以前に金尾・風布地区の聞き取りを行った時、参加者の子孫の方が、事件は「暴動」扱いだったので、戦前・戦中を通じて話題に出来

寄居町（一部長瀞町を含む）周辺の事件関係地図
（国土地理院地図より加筆作図）

なかったと言われていた。それは例え近所でも話すことはなかったという。
寄居の他地域の参加者を見ると、末野村では五名が参加しており、人口が最も多い寄居町では二名しか参加していない。桜沢では「官軍善」として有名な木島善一郎が出ている。また西ノ入村は新井周三郎が出ている。寄居地域では、人口の多い市街地での参加者は少なく、郊外地区に多いのが特徴である。これは地域内の経済的格差がそのまま参加状況に反映していると言ってよい。

さて、このように震源地となった寄居地域でも実は自警団が結成されていた。自警団に関する史料はほとんどないのだが、『寄居町史編纂室報告集』の中に『明治一七年　夜番人部控一一月三日』という史料がある。史料には秩父事件という記述はないが、明治一七年一一月三日の夜番、すなわち警備ということで、これは秩父事件以外には考えられない。この史料には、事件発生時の三日から六日までの夜番（自警団）の記録がある。短くしかも興味深い史料なので全文引用してみたい。

『明治一七年
　夜番人部控
一一月三日』
右が史料の表紙であり、以降に自警団の必要品と参加者名が記されている。

『同四日
一　夜番
白米壱升五合
ろふそく十五丁
松村源三郎
同　彦四郎
堀越啓三郎
田嶋弥五郎
吉田亀蔵
今井定吉
新山四郎兵衛

同五日
一　昼番
白米壱升
茶弐十匣
野村善内
野中多蔵

そして裏表紙に、榛澤郡末野村と記されている。』

寄居町末野地区

寄居で自警団が結成された記録は、現在のところこの史料しか見当たらない。この記録を見ると確かに、事件の警備を行っていたことがわかるが、携行品に武器が記述されてないのが特徴である。警備を行うにあたり丸腰ということは考えにくいので、武器携行は当然ということで記さなかったかも知れない。

それにしても比企地域の東松山や小川とは規模や人数が大きく異なるのが不思議である。寄居の末野と言えば、荒川を挟んで対岸が金尾・風布地区で、何度も記すようにそこは事件の震源地である。片やすぐに自警団が結成されているこの状況は考えさせることが多い。

既述した風布・金尾地区の現地調査の時、事件が長い年月封印されてきたことは記した。しかし、現在では顕彰がなされ、事件を誇りとする子孫の方が多い。実は寄居地域の現地調査の時、荒川対岸の寄居市街地も調査した。そこである家に伺った時、事件当時困民党軍が襲撃して来ることを恐れて、金品は肥溜の中に投げ入れ隠したと言う話を聞いた。そして事件や困民党軍に対しては、現在も非常に厳しい意見だった。同じ地域であっても経済的な環境によってこうも変わるのかと少し衝撃を受けたのである。

児玉地域

児玉地域は、秩父盆地のすぐ北側に位置している。秩父からは出牛峠・間瀬峠等を越えれば児玉である。児玉地域は児玉町を中心に多くの小村が点在していた。また西に進むと神流川があり、対岸はもう群馬県である。児玉地域もまた、秩父郡との交流が盛んであった。その関係で事件の情報は児玉地域の各村にいち早く伝わり、事件当時の史料が非常に多く残されている。史料の多くは郡長や戸長、筆生等の公的な機関の指導者クラスの報告である。これは、かなりの量があり、しかも内容が重なっているものもあるので、適宜取捨選択しながら、児玉地域の緊迫した動きを見てみたい。

児玉・賀美・那珂郡長の諸井興久の報告によれば、児玉地域に事件の一報が届いたのは、一一月二日のことである。この報告を基に対処の指示が、近接の連合戸長役場へ直ちに伝えられた。内容は困民党軍の進入に備え各村の要路を警備することと、困民党軍に同調し、参加することのないように説諭することであった。

この指示によって各連合戸長や筆生等の幹部たちは、警備体制を整えるとともに必死の説諭を行ったのである。

これは第二章で扱った比企地域、そして第三章で触れる飯能・名栗地域、第四章の山中谷地域でも最初に行われることであった。困民党軍に軽い気持ちで参加すれば、後に厳罰が待っていることを説諭するこの行動は、同調圧力に弱い人々に、意外と大きな影響を与えたのではないかと考える。

児玉地域でも地域の幹部が積極的に動いている。例えば河内村連合戸長浅見熊蔵、金屋村連合筆生清水湧次、宮内村平民関根宇多吉郎、秋山村連合戸長角田冨蔵等は、警備とともに巡回説諭の功績を県等から称賛されている（『集成』「埼玉縣児玉賀美那珂郡役所」）。

さて、事件に対する警備体制の動きを見てみよう。前掲史料に説諭的行動とともに警備体制のことも出てくる。

例えば金屋村連合役場筆生清水湧次は、昼夜人夫を率いて各地へ行き、大砲小銃を携行し警備にあたった。また宮内村の関根宇多吉郎は、人夫二六六人で警備をした。さらに新宿村連合役場筆生山口又四郎は人夫三〇人に見張り等警備を担当させている。これだけで総計三〇〇人程が自警団として動いたことになる。

もう少し詳しい状況が、児玉郡金屋村の連合戸長田島範平の『秩父暴徒事件日記』が残っている。金屋村は困民党軍と警察・軍隊の戦闘である「金屋戦争」があった所で、困民党軍との最前線に立たされた地である。この史料は日記形式となっており、事件に対する緊迫した動きが、比較的コンパクトにまとまっているので、児玉地域の情勢を理解するため長くなるが引用したい。

『事件の一報が届いたのは、一一月二日のことである。この日の午後六時頃金屋地区から三人の人足を選び、斥候をさせようとした。その時児玉郡役所書記の報告があった。それによれば、秩父郡の「暴徒」はすでに大宮郷・小鹿野・吉田その他近辺の村に乱入し、良民を脅迫し、焚き出しを命じ、従わない者は殺害しようとしている。

その勢いは非常に強い。そこで、金屋でも筆生や人足を集め、役場の書類を片付けることに注力した。

午後九時頃、郡長が自ら指揮して人足一八名を増員し、役場書類を金屋村倉林小三郎の家に移した。午後一一時頃筆生の清水が人足を一〇人引き連れ河内村へ出張し、一二時頃倉林太郎兵衛より大砲を借り、弾薬を集めて警備を行った。

一一月三日

午前三時頃大砲人足二〇人が巡査に従って太駄村へ進み、そこで警備を行った。午前四時頃各村から猟銃一〇挺、人足一〇余人を集め金屋村を警備する。その上で夜中も各自で警戒するように巡回説諭を行った。午後六時頃太駄村から大砲を引き戻した。午後七時に清水筆生が帰って来た。以降戸長以下二〇人が役場で寝ずの警備をした。

一一月四日

午前一一時頃警備人足に命じて大砲の弾丸を鋳造させた。正午一二時頃から大砲人足一〇人が巡査に従って元田村まで進行したが、午後六時頃に引き戻した。午後七時頃巡査が太駄村を引き上げ、高柳村に集まり、そこで二〇人の人足を集め、食料確保等に奔走させた。午後八時頃筆生の清水が高柳村に出張する。午後一〇時頃河内村で出火している場所が二カ所あり、炎と煙が空を覆った。これを見た一般人民は「暴徒」が進入したと思い、愕然として正気を失った。人民は逃走し、家財道具をまとめて別の場所へ送る様子を見るのは実に忍び難い情勢であった。午後一〇時三〇分筆生清水が、高柳村の出張より引き返し、「暴徒」が元田村へ進入したことを児玉町の郡長が出張している所に報告した。そしてすぐに警備人足を使って役場書類を倉林小三郎の家から金屋村の西の宝蔵寺の本堂に移した。

午後一一時四〇分「暴徒」おおよそ八〇〇名が小銃を持つ者三〇余人は皆竹槍抜刀で押し寄せ、金屋村内の倉林吉蔵の家の前に来て一発発砲した。また字池内の蓄財家である倉林太郎兵衛家の門を打ち破ろうとしていた。

その時官兵六・七〇人が児玉町から金屋村に繰り出して来た。金屋村の江ノ濱で巡査三一・四〇人と合流し、「暴徒」を襲撃した。「暴徒」は防ぐことが出来ず敗れ、四方に散っていった。この戦いの結果、「暴徒」側は即死六名、重傷一四名、捕まった者六〇余名、逃走した者は数が知れなかった。官軍方は負傷者が僅かに四名、内三名は兵士、一名は巡査であった。午後一二時二〇分に砲声は止んだ。（この戦闘は「金屋戦争」の事だと考えられる）

一一月五日

午前一時三〇分筆生と一緒に戦地に来て見れば、「暴徒」の死傷者一八名は中林朋三郎、中林喜三郎の家に置かれ、また江ノ濱の道路に倒れている様子は目もあてられない状況である。巡査三・四〇名は軽傷の者を捕縛し、潜伏する者を捜索した。そして、戸長役場の門を開け、明かりを灯し人足を募集した。しばらくして人足が集まり、急を（金屋戦争）を各村に連絡した。午前四時頃近隣八ヶ村から惣代人・人足総計一三六人を集めて来た。彼等を庶務等に従事させた。午前七時「暴徒」が各所に潜伏していることを警戒して、筆生中林真男・冨岡友作等に巡回させた。午前一〇時頃金屋村円通寺（当時金屋小学校）を臨時病院として使用し、「暴徒」の負傷者を入院治療させた。

同じく午前一〇時大砲付きの人足一〇人が巡査に従って元田村の稲沢出口まで行った。斥候人足一五人を南方の間瀬峠へ、五人を西方の二ノ宮村へ派遣する。午後五時三〇分大砲付き人足及び各地へ派遣した斥候が引き上げて来て、金屋村を警備する。

一一月六日

午前七時人足五〇人を集め、内二〇人を病院に配置した。午前八時頃人足五人を間瀬峠に派遣する。午前一〇時頃通報があり、間瀬峠の中腹に「暴徒」数一〇人が竹槍蓆旗を立て鬨の声をあげ昨晩の恥を雪ごうとする勢いだということであった。兵士や巡査の数はまだ非常に少なく、人民は驚きもし再襲来があったならば金屋村はもちろん近隣の町村は忽ち焼かれてしまうと動揺していた。これは河内村に放火された時の様であった。

しばらくして「暴徒」の再襲来は誤報であることがわかった。潜伏していた「暴徒」の残り二〇人程が、間瀬峠を越えて逃走したことを知り、皆安心した。午後三時頃大砲を引き取り倉林太郎兵衛家へ返却した。午後六時頃死者（金屋戦争）九人を金屋村円通寺に仮埋葬する。同時刻人足三四人を集め、昼の人足と交代させた。うち二〇人を病院に配置する。

一一月七日

午前六時人足二三人を集め、うち一五人を病院に配置する。午後一時役場書類を宝蔵寺から役場へ戻して整理する。午後六時から人足二七人を集め、昼の人足と交代させる。うち一五人を病院に配置し、一二人を庶務及び警備人足とする。

一一月八日

午前九時金屋村連合役場を再開する。金屋小学校を金屋村倉林吉五郎の家に仮設した。』

(『集成』「埼玉縣児玉郡金屋村連合戸長役場」)

さてこの史料から読み取れるのは児玉地域の非常に切迫した状況である。金屋村では、深谷地域のようにまず役場の書類の移転から始まっている。行政の記録なので仕方のないことではあるが、人民の生命・財産よりも書類の方を先に避難させていることは、何ともやりきれないことである。その後警察等を軸に警備体制ができるが、警察の数も圧倒的に足りなかったので、時間が経つと民間主導の警備、自警団になってゆくことがわかる。自警団の中心は戸長や筆生といった行政の責任者である。武器の調達も徐々に行われ、民家にあった大砲等が集められている。児玉地域では金屋戦争を除けば、大きな困民党軍の進入はなかったので、偵察や見張りが自警団の主な任務となる。自警団は各村の偵察等を交代で行い情報を伝達していた。特に秩父・児玉の境にある間瀬峠等に注意を払っている。自警団は、事件が秩父郡内で終息の方向に向かう一一月五日以降も活動し、誤報等に怯えながら結局七日まで警備活動している。

【コラム　金屋戦争】

秩父事件には多くの戦いがある。例えば清泉寺新志坂の戦い、皆野親鼻の戦い、矢納村の戦い、粥新田峠の戦い等々である。その中で唯一児玉地域での戦いが、四日深夜の金屋の戦い、いわゆる金屋戦争である。

大野苗吉に率いられた困民党軍は、秩父郡から秩父新道を通り、児玉町へ向かった。しかし、高崎線に乗ってやって来た鎮台兵が本庄駅で下車し、児玉町に進んでいたのである。夜一一時過ぎに、困民党軍は児玉町金屋に入り、円通寺付近で鎮台兵と衝突した。戦闘はわずかに三〇分程で日付が変わる頃には決着がついていた。困民党軍の完敗であった。鎮台兵の持つ村田銃に対して、困民党軍の火縄銃は相手にならなかったのである（困民党軍の火縄銃が一発撃つ間に、鎮台兵の銃は二〇発程発射できた）。困民党軍側の死者は一二名に達した。

金屋戦争の死傷者は、円通寺に臨時で設置された金屋仮病院に収容され、治療等を受けた。仮病院は一二月中旬まで設置されていた。なお病院収容者の詳細な記録は、治療にあたった医師中神貞作等によって残されている。

さて、児玉地域ではどれくらいの人数が自警団として警備活動したのだろうか。これも史料に残っているので、全部載せることも出来ないので一部抜粋で紹介する。

「暴徒事件徴集人足人名取調」

一一月二日　金屋村
惣代人　倉林太郎兵衛
同　倉林貞蔵
同　倉林清平
同　中林千代吉
同　倉林泰五郎
以下二四人

一一月三日　金屋村
惣代人　倉林太郎兵衛
同　倉林貞蔵

同　　倉林清平
同　　中林千代吉
同　　倉林泰五郎他
　計一八人
同四日　金屋村
惣代人　倉林太郎兵衛
同　　倉林貞蔵
同　　倉林清平
同　　中林千代吉
同　　倉林泰五郎他
　計一八人
同五日
惣代人　倉林太郎兵衛
同　　倉林貞蔵
同　　倉林清平
同　　中林千代吉
同　　倉林泰五郎他

計三四人
一一月五日　保木野村
惣代人　森田源次郎
同　　荻野弥平他
　計一二人
同五日　飯倉村
惣代人　堀越市平
同　　田島竹次郎他
　計一三人
同五日　長沖村
惣代人　飯島作次郎
同　　飯島新三郎他
　計二〇人
同五日　塩谷村
惣代人　杉山佐市郎
同　　松井登作他
　計一四人

一一月五日　宮内村
惣代人　市川三平他
計一〇人
同五日夜　金屋村
惣代人　倉林太郎兵衛他
計二九人
同五日夜　高柳村
惣代人　清水松蔵
同　岡登幸三郎他
計一一人
同五日夜　保木野村
惣代人　鈴木牛太郎
同　森田源次郎他
計一二人
同五日夜　飯倉村
惣代人　飯島作次郎
同　飯島新三郎他

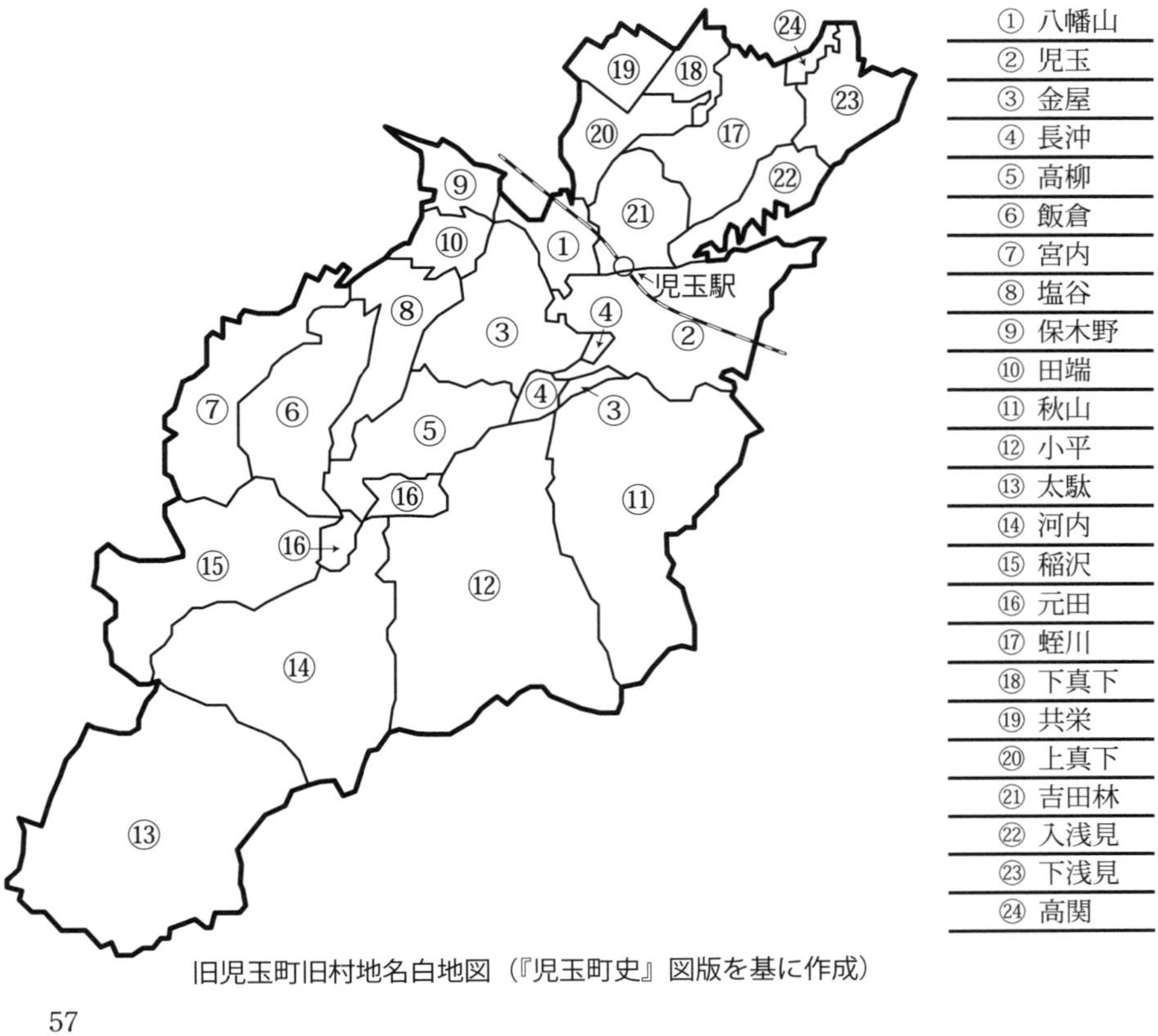

旧児玉町旧村地名白地図（『児玉町史』図版を基に作成）

計一三人
一一月五日夜　宮内村
惣代人　市川三平他
計一六人
同五日夜　田端村
惣代人　高橋辰五郎
同　　田村庄太郎他
計一五人
同五日夜　塩谷村
惣代人　杉山佐市郎
同　　松井登作他
計一五人
同六日　金屋村
惣代人　倉林太郎兵衛
同　　倉林貞蔵
同　　倉林清平
同　　中林千代吉

同　　倉林泰五郎他

　計一六人

以下は参加人数のみ記す

一一月六日		長沖村	計四人
同	六日	田端村	計三人
同	六日	保木野村	計八人
同	六日	高柳村	計七人
同	六日	塩谷村	計六人
同	六日	飯倉村	計七人
同	六日	宮内村	計九人
同	六日夜	金屋村	計一五人
同	六日夜	宮内村	計四人
同	六日夜	高柳村	計五人
同	六日夜	飯倉村	計四人
同	六日夜	田端村	計四人
同	六日夜	長沖村	計五人

同　六日夜　塩谷村　計五人
同　六日夜　保木野村　計六人
同　七日　金屋村　計九人
同　七日　長沖村　計二人
同　七日　宮内村　計二人
一一月七日　飯倉村　計三人
同　七日　高柳村　計三人
同　七日　塩谷村　計二人
同　七日　田端村　計一人
同　七日　保木野村　計一人
同　七日夜　金屋村　計一六人
同　七日夜　保木野村　計一人
同　七日夜　高柳村　計二人
同　七日夜　長沖村　計三人
同　七日夜　飯倉村　計二人
同　七日夜　塩谷村　計二人
同　七日夜　田端村　計二人

同　八日　　金屋村　　計五人
同　八日　　長沖村　　計二人
同　八日　　高柳村　　計二人
同　八日　　飯倉村　　計二人
同　八日　　塩谷村　　計二人
同　八日　　宮内村　　計一人
同　八日　　保木野村　計二人
一一月八日　田端村　　計二人
同　八日夜　金屋村　　計一人
同　八日夜　高柳村　　計二人
同　八日夜　長沖村　　計二人
同　九日　　八ヶ村代表　計八人
同　九日夜　金屋村　　計二人
同　九日夜　田端村　　計二人
同　一〇日　金屋村　　計一人

惣計四六八人

児玉郡金屋村連合

明治一七年一一月二九日　　戸長　田島範平

（『集成』「埼玉縣児玉郡金屋村連合戸長役場」）

長々と引用してしまったが、これでも全部ではない。もう一つ児玉賀美郡役所の自警団参加者の史料もある。これは内わけのみを載せたい。

一一月二日〜一〇日　金屋村　六八名
一一月五日〜八日　保木野村　二七名
一一月五日〜九日　飯倉村　三六名
一一月五日〜九日　長沖村　二五名
一一月五日〜九日　塩谷村　三四名
一一月五日〜九日　宮内村　三九名
一一月五日〜九日　高柳村　二〇名
一一月五日〜九日　田端村　一七名
惣計　一四四名（惣代二一名を差引く）（『集成』「埼玉縣児玉賀美那珂郡役所」）

自警団に参加した者は、史料を見る限りにおいて全て記録されている。もっと言えば記録することへの執念すら感じられる内容である。これは事件後のことを考え、誰が参加し、そして誰が参加しなかったのかを明確にしたかったのだろう。それにしても、自由民権運動激化事件でこれほど詳細に記録したものがあるだろうか。秩父事件は官民合わせて膨大な記録が残っていることでも、どれほど重大で衝撃的な事件であったかがわかる。

自警団関連で、もう少し触れておきたいことがある。児玉地域は秩父郡から距離があるため、斥候・見張りに行かされた場合が多く、それも記録されている。

例えば、那珂郡秋山村連合戸長角田冨蔵の報告によれば、「一一月二日に秩父事件に関する命令によって、連合役場に参集した人足から白石郷大槻峠、小平村榎木峠及び間瀬峠の三ヶ所へ、二人ずつ見張りを派遣し、異常がなかったので、午後七時頃一同引き上げた。」「三日は、早朝から三つの峠に見張りを二人ずつ派遣した。そのうち大槻峠に行った二人は、午後五時頃峠を降り、秩父郡野上村字宮澤まで行き、午後一一時頃役場へ戻った。」

「四日は役場筆生の吉橋浅重郎・根岸庄五郎を秩父郡野上下郷へ見張りとして派遣した。午後五時頃「賊徒」が宮澤まで来て、人足を差し出せと強要しているのを見届けて、間瀬峠へ登った。そこで巡査二名と出会い、見聞したことを話した。巡査のうち一名は峠に残り、一名の巡査とともに児玉町に引き上げ、郡長や警察に報告し、午後八時頃連合役場に帰った。」等の状況であった。五日以降も小平村の陣見山から間瀬峠榎木峠までの二里余りの山中探索を行った。

（『集成』「埼玉縣那珂郡秋山村連合戸長役場」）

また、那珂郡中里村連合戸長　佐藤伍郎三郎の報告によると以下の通りである。

『中里村へ事件の一報が届いたのは一一月一日のことで、二日以降本格的な対処に移る。まず戸長役場の書類を移動させるような指示があった。困民党軍は桜沢村を越えるか、または寄居町の矢那瀬村・末野村を越えて来るか判断に迷っていたので、とりあえず地域内の巡回を行い、状況を探った。その結果地域内には、「暴徒」に参加する者はないと見做して、役場の書類もそのままにした。三日は早朝から役場筆生四人と他二人を役場に召集し、佐藤は筆生根岸章作を引き連れて猪俣村の根岸章作の家に午前六時頃着いた。猪俣村の総代人をすぐに召集し、その後根岸幸太郎・岩嵜亀松の二名を寄居町へ見張りとして派遣した。また卜部藤八他四人の総代人を、猪俣村の城山(猪俣城という中世の古城がある)に見張りとして出した。

中略

末野村まで村の重役五人、また矢那瀬村と同村へ通ずる虎が丘山へ五人を見張りとして派遣した。その際に白石郷の総代人清水又平・上田宗五郎・上田鶩弥・福島元治郎等人足五名を召し連れ同所へ見張りの打診をしに来たのを幸いにして、円良田村と同様に警備体制を組み、一つは矢那瀬村から本庄駅へ通ずる大槻峠へ、もう一つは陣見山から白石郷の総代人に手配させ、手分けをして見張らせた。中略　見張りは昼夜の区別なく注意するように申し伝えた。四日は地域内の各見張所から異常の連絡はなく、筆生根岸庄三郎他三人の筆生を地域内各村、及び三ヶ所の見張り場所を巡視させた。中略（その後に発生した金屋戦争の記述がある）一一月五日午前六時、上田宗五郎を召し連れ円良田村へ行き、同村の小林権重とともに他の人夫を連れて御安平山から虎ヶ丘・物見山辺り、末野村境大官山から猪俣城山、城山から前坂峠桜沢村鐘撞堂山等の山中を探索したが怪しい者は一人もいなかった。一一月六日午前六時円良田村に行き、秩父郡野上上下郷連合戸長役場へ、事件の状況を照会したところ、最早鎮静化したという回答があった。そのことを郡役所等に報告し、一同は安堵したのであった。

明治一七年一一月三〇日

那珂郡中里村連合戸長　佐藤伍郎三郎

埼玉縣令　吉田清英殿』

自警団の行動は、困民党軍に対する防御が主であるが、この細かな見張り・斥候活動を見ると情報収集も必死であったことがわかる。いち早く情報を捉え、それを村の戸長・筆生等の幹部に連絡し、そして幹部から各村へ伝達していたのである。それと各村を巡回することによって、同調者を出さない内部監視も強力であった。

児玉地域にも当然不況の波は襲来し、一八八四年九月には負債農民騒擾が起きている。事件に呼応する動きがあっても全くおかしくない情勢だったにもかかわらず、それとは逆の自警団等が早期に結成されたことは、村の幹部の説諭工作の動きと、民衆による相互監視の動きがあることは間違いないと考える。これは政府等の上からの圧力とともに民衆の同調圧力が働いたと言わざるを得ない。

最後にもう一つ触れて置きたいのが、比企地域でもあった事件対応に関する寄付行為である。小川地域でもそうであったが、児玉地域でも事件後多額の寄付が、地元の有力者から行われている。

寄付行為をしたのは、金屋村連合戸長田嶋範平、金屋村倉林太郎兵衛・金屋村倉林治平等である。金額は一九四円程であり、事件対応で生業を休まざるを得なかった「貧民」一一六人に支給した。また村内の警備費として五二円が同じく寄付されている。合計で二五〇円弱となる。(『集成』「埼玉縣児玉郡金屋村連合戸長役場)

これを小川地域同様に一円を現在の二万円とすれば五〇〇万円程になる。これもまた現在でも相当な額である。事件発生後の情報収集・警備体制=自警団の結成、そして最後の諸費用の調達を県や政府にほとんど頼らず、民間でまかなっていること、しかも短時日・広域で動いていることは、本当に考えさせることが多い。

【コラム　人見山騒擾事件と新田騒擾事件】

秩父事件は非常に規模が大きく、参加者も多数ということで、ほぼ同時に起きた二つの事件が忘れ去られる結果となった。一つは深谷で起こった人見山騒擾事件、そしてもう一つは利根川を越えた群馬県新田で起こった新田騒擾事件である。この二つの事件は、史料も乏しく、かつ研究も進んでいないので何とも言い難いところがある。しかし、事件周辺で起きたことなので、簡単に触れておきたい。

『秩父事件史料集成』の「埼玉縣警察署」という史料に、人見山騒擾事件のことが出てくる。人見山は深谷市の南部にある。人見地区には中世には人見館という城館があり、歴史的にも由緒ある場所である。

さて史料によれば、一八八四年の一一月六日、深谷の人見山に民衆が五〇～六〇人集合しているとの報告があり、雨宮警部は巡査一四～一五名を引き連れて鎮撫に向かった。「暴徒」の煽動者は長在家村の賭博人の馬場秀太郎であり、以下主要なメンバーが列記してある。

深谷 人見山（深谷市人見・仙元山）

魁首　大谷村　飯野幸之助
嶌田啓次郎
古橋次郎
田中五郎吉
関口利八
周旋魁首　境村　新　喜義
新　米吉
福嶋亀太
福嶋森之助
氏井孝二郎
岡田仙五郎
木田重次郎
中嶋善次郎（大谷村）
中嶋万次郎（大谷村）
その他町屋から数名の加入者あり
大谷村旧戸長　嶋田捨太郎
右は煽動する者

右の通りである
明治一七年一一月六日

この事件はこれ以外に史料が見当たらない。『深谷市史』等の史料も探索したが出てこなかった。秩父事件との関係を言うのはなかなか難しいところであるが、一一月六日という日付を見ると、全く関係がないとも言えない。この頃は暴力をともなわない負債農民騒擾が多発していたので、その一つであるかも知れない。

深谷は既述した通り、秩父事件発生と間髪を入れずに自警団が結成され、防衛体制を確立していたので、この様な騒擾事件は起こしにくい状況だったので、人見山に集合すること自体がそう簡単ではなかっただろう。いずれにしてももう少し史料が欲しい。それと市史等にこの事件の記述と、深谷宿警備体制の記述がないことは非常に残念である。

一方、同時期に群馬県で起こった新田騒擾事件は、もう少し詳しい史料が残っている。史料を追ってみよう。

（十一月一日）午前一時頃、新田郡本町村へ何者かわからないが、多勢がやって来て、自由党と唱え、筵旗を立て半鐘を鳴らし、各家を訪ね騒擾に加入しない者は放火するなどと脅迫するとの情報が飛んだので、出張したところ人数数百人程で阿佐美村を経由し山田郡廣沢村に出たのを追跡した。幸いにも前夜強盗手配のため出張させた巡査泉廣近他二名が右人数を廣瀬村字中島という所で追い詰め、巨魁のうち新田郡菅塩村平民小林民次郎と同郡西長岡村平民小林弥十郎の二人を逮捕、その他の者は同村から藪塚村続山中に散乱した。

そして弥十郎逮捕の際に頭部に傷を負わせ、また、泉巡査の左手が少し負傷した。加えて補助的に雇った阿佐美村用係坂本留吉も左手に軽い傷を負った。その原因を取り調べたところ、西長岡村から甘楽郡へ寄留していた木挽職小室徳兵衛（小室徳三郎）の手引きにより、昨日自由党員で甘楽郡下仁田の者と自称する新井愧三郎、長野県佐久郡小県村中澤吉五郎と唱える二名を西長岡村中島善太郎方へ連れて来た。その両人が当地の巨魁となって、総理板垣退助の命令によって、各地に散在する自由党員十万人が一一月一日から三日間に蜂起し、各県庁・警察署・監獄署を打ちこわし、自由政治を実現し、租税を百分の一とする趣旨を伝えた。

他の者もこれに同意して、脇差等を携帯し、新井・中澤の指図に従い、太田町へ出て、警察署・監獄署を破り、囚人を解放し、それから今夜までに前橋に行き、県庁を襲い、獄中にある自由党総理に同調する者八人を脱獄させ、沼田に一先ず引き籠るつもりだったと述懐した。

よって新井・中澤を始めとして、それぞれ山狩りに着手した。近郷の町村では騒擾に同調する者はいなかった。詳細は報告書に譲る。諸届等は宜しく取り計らい願いたい。

山田郡廣澤村出張先
　桜井警部
明治一七年一一月二日
　暴動者人名
　新田郡西長岡村　小河徳兵衛
　　（小室徳三郎）
同　郡北金井村　稲邨倉吉
同　郡菅塩村　茂木周太郎
同　郡同　村　羽鳥新三郎
同　郡同　村　石原兼吉
同　郡西長岡村　中島善太郎
　倅　春吉
同　郡同　村　小花萬蔵
同　郡同　村　小林弥十郎
同　郡同　村　本多熊治郎
同　郡藪塚村　藤生團蔵
同　郡西長岡村　阿久津伊セ杢
同　郡菅塩村　小林民治郎

自由党　新井愧三郎
　中沢吉五郎
（『集成』群馬県関係文書「群馬縣」）

この事件は一一月一日から二日にかけて起こっている。これも秩父事件とのつながりを裏付ける史料はない。

しかし、参加人数が数百人と多く、また警察署や監獄等が主な襲撃対象となっていることから、負債農民騒擾とは言えないのではないか。それと、最も重要な点は、自由党総理板垣退助の命によって、各地の自由党員一〇万人が、一一月一日から三日間で一斉に蜂起し、県庁や警察署・監獄署を襲い自由政治を実現し、税を百分の一とするという供述が指導者からあったことである。

これらの供述に従えば、これは負債農民騒擾等というものではなく、自由民権運動の激化事件の一つとしてもよいのではないか。名称も騒擾事件ではなく、「新田事件」の方がふさわしい。そして、新田事件は、警察官が事件前日の別件で動いていたため、蜂起に紛れ込むことが出来たため、偶然にも指導者を逮捕できた。これがもし、そのようなことがなく、障害をくぐり抜け、予定通り太田や前橋の官公庁を襲ったとしたら、並行して起きていた秩父事件と相まって政府の対応は相当混乱しただろう。未然に防がれた事件として軽く扱われているが、もう少し詳細な研究が必要だろう。なお新田事件の指導者中沢鶴吉は群馬県南甘楽郡乙父村（現上野村）の自由党員である。

人見山・新田の騒擾事件の他にも詳細な点ははっきりしないが、群馬県南甘楽郡保美濃山村で「暴徒」が集合したという記載が『集成』にある。

秩父事件が起きた一一月一日前後の期間は北関東では非常に不穏な情勢が続いていたと言える。

秩父困民党総理田代栄助は既述した通り、最後まで蜂起延期を求めていた。それは田代が期待していた「関東一斉蜂起」を本気で待っていたのだろう。新田事件で表面化した「自由党員十万人一斉蜂起」については真相がなかなか確認できないが、供述の中にあるのだとすれば一概に切って捨てることはできないだろう。少なくともそのような期待が、自由党員の中にあったことを浮かび上がらせる事件であった。これと秩父事件はどうつながるのか非常に興味がつきない。

第四章　飯能・名栗地域

武州世直し一揆

秩父事件と飯能・名栗地域と聞いて、結びつきがないように捉え勝ちである。しかし、飯能・名栗地域特に名栗地域は、妻坂峠・山伏峠を越えれば、すぐに秩父郡の横瀬村や芦ヶ久保村である。秩父地域との結びつきは強かったと考えざるを得ない。また、名栗村は東に行けば飯能、南下すれば東京であり、山間部だからと言って必ずしも僻村というわけではなかった。

飯能・名栗地域と秩父事件の関係を調べると、史料等は限られてくるが、意外と詳細なものが残っていることに驚いた。また一〇年程までに公刊された旧名栗村の歴史『名栗の歴史　下巻』には、第三節の部分に秩父事件と名栗村の関係に一〇ページ以上が割かれている。このことは、名栗地域にとって秩父事件が決して遠い存在ではなかったことを示しているし、また『村史』に記載していただけたことは、後世の研究にとっても非常に意義が大きい。

さて、秩父事件と飯能・名栗地域を追って行くわけだが、主に名栗地域に焦点を当てたい。それは秩父地域と直に接している場所で、記したように少ないが史料も残っているからである。まず知らない方も少なくないと思われるので、名栗地域を概観してみる。『村史』等によれば、名栗村は二〇〇五年に飯能市と合併した。合併前は名栗村であった。名栗村は、埼玉県の南西部に位置し、面積は五八・五六平方キロメートルあった。村は北西から南東へ細長い形をしており、荒川の支流である入間川に沿って民家や集落がある。飯能市から車等ですぐであり、東京とも比較的近いが、行ってみると周囲は山また山で、ここが埼玉県の最南部であるとはなかなか思えないような場所である。しかし、自然に溢れ環境は抜群に良い。

名栗村は元々上名栗村と下名栗村に分かれていたが、明治二二年の合併により、名栗村が誕生した。村域の九四％を山林が占めているため、農業だけではとても生活できないので、林業・炭焼き、そして養蚕等の副業で収入を得ていた。また、村内が新組・古組に分かれ、さらにその中が各組に分かれるという非常に複雑な関係であった。総じて言えば決して楽な生活であったとは言えない。

それと、どうしても触れておかなければならない事がある。それは幕末の一八六六年に起きた武州世直し一揆である。武州世直し一揆は幕末に起こった世直し一揆の中でも最大級のものであり、各種史料を合わせると一〇万人程が参加した未曽有の大一揆であった。武州世直し一揆の震源地が名栗村、正確には上名栗村であった。秩父事件の一八年前に起きた武州世直し一揆と秩父事件の関係は、はっきり言って研究が進んでいない。従って関係はあるともないとも言えない状況である。武州世直し一揆は上名栗村から発生し、東京の多摩地域、埼玉県西部地域、群馬県最南部を巻き込んだ非常に広域的な一揆である。しかし、最後は埼玉県の秩父で鎮圧勢力に敗れて崩壊する。最後の秩父では大宮郷等で自警団と戦うことになるので、遠回りになるが、まず武州世直し一揆を簡単に追って見よう。

武州世直し一揆が発生した上名栗村は、幕末開港以来の諸物価高騰に苦しんでいた。追い打ちをかけるように一八六六年に始まった幕府と長州藩の戦争である第二次長州征討で物価、特に米価の値上がりが深刻さを増した。

既述したように、名栗地域は耕地が少なく、米・麦等の主食は自給が困難で、他地域からの買い取りに頼っていた。このような情勢は、名栗地域の生活を直撃したのである。上名栗村の一部の人々はこれに対処するため密かに蜂起計画を立てていた。彼等の目標は「世直し」または「世均し」であった。「世直し」という言葉は、現在でも社会変革の意味で使用されているが、一揆に参加した人々は、社会の経済的平等の実現である「世均し」の方の意味が強かったのである。

以下、武州世直し一揆一五〇年を記念して出版された『語り継ぎたい「武州世直し一揆」の真実』（武州世直し一揆百五十周年記念事業実行委員会編）を参考に経過を辿りたい。

武州世直し一揆の指導者は、最新の研究によれば、上名栗村の紋次郎と同村の豊五郎であった。彼等は村内に呼びかけ参加者を募り（当初は二〇〇人）、一八六六年六月一三日、付近の中心地である飯能を目指し出発した。彼等は鋸やまさかり等の農具を武器として携行していた。

その後成木村の勢力と合流し、人数は更に増え一四日早朝には、飯能直近の飯能河原に集結した。その人数は五〇〇～一〇〇〇人とされ、飯能市街に移動した。町中に移動した一揆勢は穀物商を打ちこわした。その後扇町屋（現入間市）、下藤沢、所沢等で次々と打ちこわしをかけていった。

一五日には引又（現志木市）で西川家等の七軒を打ちこわした。明けて一六日には、越生の大名主である大惣代屋敷を打ちこわした。その後打ちこわしは各村で独自に組織されながら、燎原の火のように埼玉西部・群馬南部に広がっていった。山火事が自在に拡大していくように、同時多発的に起こる一揆・打ちこわしを食い止めるのは困難であった。

武州世直し一揆の攻撃目標は横浜であったという。横浜は開港地で貿易の拠点であり、物価高騰の象徴となる場所であった。開港以来の不況を当時は「国病」と呼び、その根元を断つことが一揆の究極の目標でもあった。

一六日、一揆勢の一部は飯能から南下、青梅を経由して築地河原（現昭島市）に着いた。ここで多摩川を渡ることを企てたが、鎮圧隊に銃撃され失敗する。鎮圧隊の構成は日野の農兵隊・組合人足・撃剣組等であった。要するに幕府直属の軍隊や藩兵に敗れたのではなく、農兵隊といった自警団的な組織が立塞がったのである。

一七日、一昨日に引又で打ちこわしを行った勢力は、羽根倉で荒川を渡り、与野を襲撃した。水判土（みずはた）の慈眼寺に集まり、大宮方面を目指して動き出したが、鎮圧隊に遭遇して、指導者が捕まり一揆勢は、失速してしまうのである。

一八日、北上した一揆勢は、児玉の小茂田村・本庄宿で幕府側（関東取締出役）と衝突し、多くの逮捕者・負傷者・死者を出すことになる。さらに一揆勢は神流川を越え、上州新町に押し寄せた。新町でも鎮圧隊と交戦し、戦死者は一〇名以上あった。

そして一九日にかけて、一揆勢は秩父郡に押し寄せることとなった。秩父郡の大宮郷（現秩父市）には忍藩の陣屋が置かれていた。秩父に入った一揆勢の動きと現地の対応の動きを『秩父市誌』を参考に追って見たい。

一揆勢は野上・皆野を通過し、大宮郷に進入した。大宮郷では商家や生糸を扱う輸出商が打ちこわしの対象となり、忍藩大宮郷陣屋も打ちこわされた。対応にあたった忍藩の兵力ではとても太刀打ちできなかった。それどころか忍藩の兵力に対して、その無力さが強く批判されている。勢力の衰えない一揆勢を鎮圧したのは、他でもない大宮郷で結成された自警団であった。自警団の経緯を史料で見てみよう。

『大宮郷で一九日朝、陣屋はじめ町中の乱妨の様子を見回りした一同は、大いに憤り、この上は何処までも一揆勢を追いかけ、「賊徒」を討ち取る覚悟を決めた。自警団に参加する五〇余人は役所に願い出、役所もすぐに許可を出した。自警団は皆白木綿の襷、白木綿の鉢巻で支度を整え、合図を決めた。指導者は槍を持ち、参加者それぞれが武器を携行した。一九日九つ時に全員揃って出発した。この時一揆勢は小鹿野町を散々に打ちこわし、先手は更に進み、吉田方面でも打ちこわしを行っている最中であった。そこへ大宮郷自警団の先手二三人が名倉に来て上意の声の下に切り込んでいった。一揆勢は混乱し、四方八方へ散り、即死する者、負傷する者の数はわからなかった。生け捕りでその村に預けた者がおよそ二〇人余り。吉田へ駆けつけた時は打ちこわしの最中で、大宮郷自警団は槍先を揃え突っ込んだ。ここで打ち取った首二つ、即死は五六人、生け捕り八〇余人、井上・矢場での生け捕りは一〇余人を数えた。…以下略…』（『秩父市誌』「秩父近辺打毀一件」）

この史料で知れることは、一揆勢を抑えたのは、本来鎮圧にあたるべき幕府側（この場合には忍藩）ではなく、大宮郷で結成された自警団であったことである。自警団は史料を見る限り、藩兵の補助ではなく、ほぼ主力として戦い、成果を上げていることが驚きである。

それと、武州世直し一揆の秩父郡内の詳細を記したのは、この大宮郷自警団の中に、秩父困民党総理田代栄助が参加していた可能性があるという問題のためである。残念ながらそれを裏付ける史料はないが、『武州世直し一揆史料』の中の「岡家文書」に、自警団参加者の名前が出てくる。一番手二三人の名前は全て記載されているが、そこに田代の名前はない。二番手は神主衆が先頭に立ち、大宮郷三町八〇人程の青年が参加したと記されている。田代はこの時一九歳で当時としては立派な成人である。しかも田代家は割名主も務めた家柄でもある。確証はないが、彼が参加していない方が不自然なのではないか。また、例え参加していなくとも自警団の獅子奮迅の活躍は見聞していたろう。若き田代が見た、あるいは経験したかも知れない自警団の活躍は、後に秩父困民党軍を率いることになる彼にどのような影響を与えたのだろうか。これは章を変えて考察してみたい。

さて、秩父郡でも幕末以来の諸物価高騰の影響は多分に出ていたはずであり、生活も楽ではなかったはずである。それでも一揆に同調するのではなく、それを強力に制圧する立場に立ったのは一体なぜなのだろうか。そして、武州世直し一揆の震源地名栗村では一八年後の秩父事件に際しては、事件に同調するどころか全く反対の動きが起きる。その動きを限られた史料を軸に追って見よう。

飯能・名栗地域

秩父事件と名栗地域を記すにあたって、基本となる史料は下名栗村の豊住家にある「暴徒事件概略日誌」(以下「日誌」とする)である。それと書籍では既述した『名栗の歴史　下巻』が詳しい。併せて『那栗郷　名栗村史研究6』も冒頭に秩父事件の記述がある。これらの書籍はどちらも「暴徒事件概略日誌」に拠っているので、記述内容はほぼ同じでと言ってよい。

『一一月二日

「日誌」によれば、一一月二日の午後四時頃、秩父郡長の伊藤栄が部下の役人六名、裁判官六名を引き連れて上名栗村の旅宿にある町田和吉宅を突然訪れ、上下名栗村連合戸長であった岡部勇蔵を呼び出した。』伊藤郡長は、事件の発生を知ると危険を察知し、逸早く秩父から離れてしまったことは有名である。

『郡長によれば一日、困民党軍は小鹿野町に進入し、警察署並びに高利貸を襲い、二日本日は大宮郷に入り警察署・裁判所等へ乱入し、その勢いは増している。ゆえに困民党軍は名栗地域にも襲来するかも知れないので、上名栗村人民及び猟師等の屈強な者を揃えて、秩父境である妻坂・山伏峠を警備するように命令した。

同日午後一〇時頃、秩父郡役所衛生掛二名が上名栗連合戸長岡部勇蔵宅へやって来て、「暴徒」が大宮郷へ乱入し、彼等は執拗に役人の所在を捜索していることを詳細に報告した。そのため衛生掛である我々も郡長に従ってここに来ることになった。

当時下名栗村の役人加藤倉七は上京していたため、人を派遣して事件を知らせたのである。同じく事件のことを入間郡扇町屋の銀行社長粕谷佳太郎にも伝えた。

一一月三日

本日午後七時頃、飯能警察署の河野・石山巡査二名が、高麗郡赤沢村の役人久林萬次郎他三四名を率いて下名栗村の加藤倉七宅へやって来た。彼等が言うには「暴徒」が名栗地域に進入し、村民を脅迫して、猟銃を掠奪するかも知れない。そのようになったならば、被害を及ぼすことは言うまでもない。被害を未然に防ぐために、名栗地域の銃砲を全て集め、加藤家まで運ぶように命令する。付いては本村一番耕地惣代人町田丑三郎、二番吉田泰円、三番小沢重平、四番塩野宮太郎、五番塩野常太郎、六番金子滝次郎等を呼び出し手配させたのである。かつこの件を岡部連合戸長にも報告した。

同夜一一時過ぎ岡部戸長から、警官の指示に従い手配をしていたところ、上名栗村の音八、巳之吉の両名が「暴徒」の味方につき、巳之吉は一人で藁蓆をかぶり、同村穴沢付近で猟銃の輸送を妨害しようとしたとの連絡がきた。すぐに飯能警察署の警察官二名と下名栗村の猟銃手数人で捕縛に向かった。

下名栗村（旧）加藤氏宅の倉

同夜一時、扇町屋警察署の警部竹内其治巡査及び撃剣者（剣術経験者）が、飯能警察署巡査及び撃剣者を連れ名栗地域警備に来た。加藤宅で兵粮を用意し、まだ食べている最中に、「暴徒」が既に上名栗村に進入し、森河原で戦いが起こっているとの急報が入った。さらに和田河原でも砲声が聞こえたので、「暴徒」が接近していると思い、巡査・撃剣者及び本村銃手等一隊二〇人程で上名栗村へ向かった。

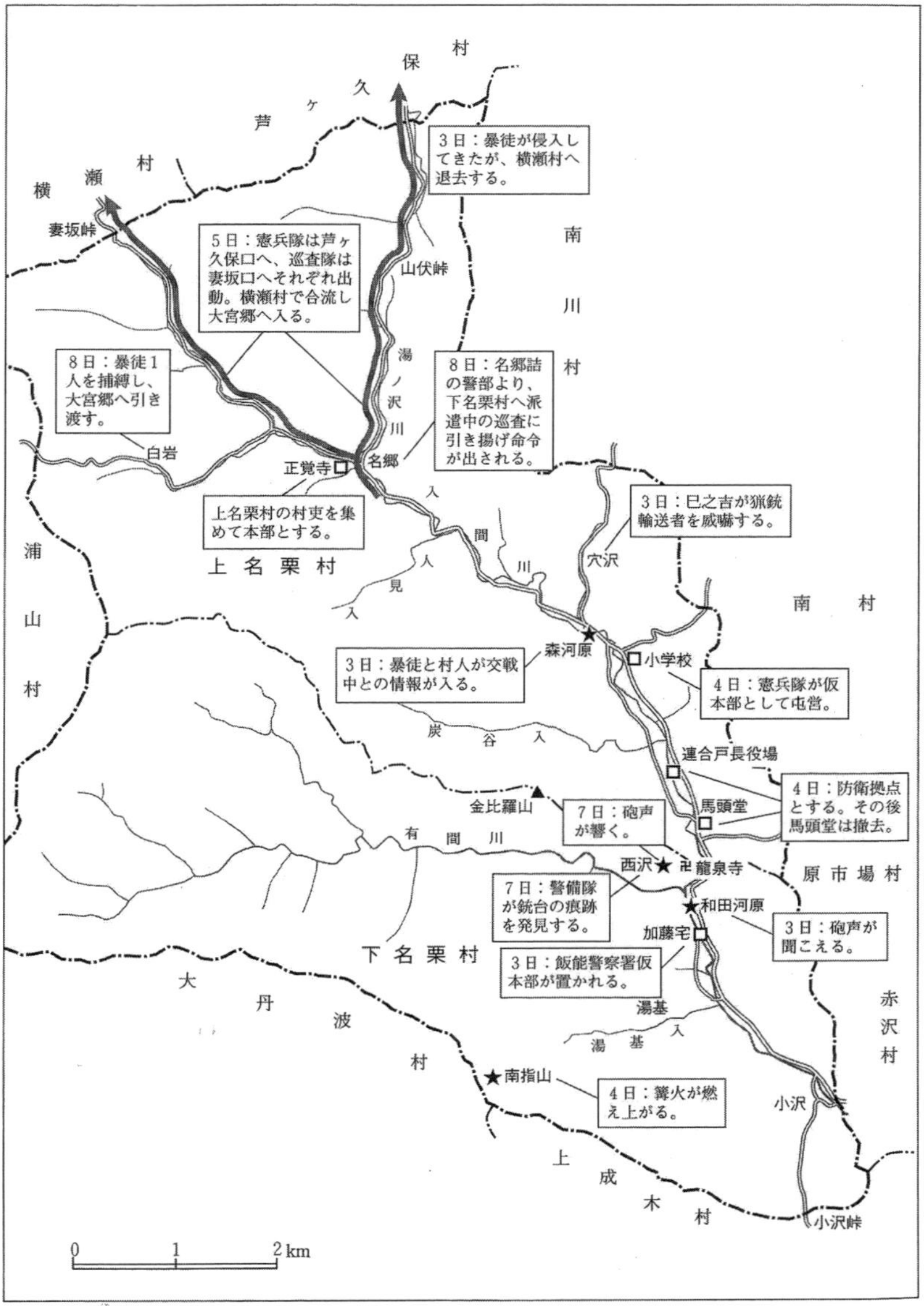

秩父事件　上・下名栗村関係図

（『名栗の歴史・下』〔飯能市教育委員会〕より転載）

しかし、これら一連の出来事は誤報であった。まず和田河原の砲声は名栗村民の誤射であった。また森河原では戦闘が確かに起こったが、これは伊藤郡長の命令で妻坂・山伏両峠に派遣されていた上下名栗村の銃手が、互いの銃声を聞き、敵襲と勘違いし戦闘状態となったものである。この戦闘では幸いにも一人の殺傷も出なかったのである（このように名栗地域は浮足立ち戦々恐々の状態に陥っていた）。

同日午後、「暴徒」数百人が秩父郡芦ヶ久保村に押し寄せ、村民を強迫し、同村で兵粮を用意させた。その後隊を二分し、一隊五〇人は秩父郡吾野村へ乱入し、村民を強迫して五〇人程を連れ去った。

一方別の一隊五〇人は上下名栗村へ進入しようとした。しかし、扇町屋警部・巡査及び上下名栗村の一同は協力して自警団を結成していたので、困民党軍は進入できずに秩父郡横瀬村へ退去せざるを得なかった。

同夜「暴徒」は白鉢巻・白襷を目印として使用していることを知り、上下名栗村自警団は、鬱金色の襷で識別しようとした。翌日には加えて白布の肩標を付けることとした。

一一月四日

昨夜進軍した警部・巡査及び銃手等の自警団は二隊に分かれ、民家の古畳を集めて、胸壁をつくり、一隊は上名栗村馬頭堂に陣を置いた。もう一隊は連合戸長役場を陣とした。この二隊を管轄したのが竹内警部であった。そして午前一〇時頃、警部の指令を受け馬頭堂の陣を引き払い、連合戸長役場の一隊と合流し、戸長役場が本陣となった。』

なお馬頭堂は、下名栗から上名栗へ向かう道路（五三号線）沿いに現在も残っている。ただ地元の方に伺ったところ、場所は動いているかも知れないということだった。しかし、上名栗・下名栗の境付近であり、交通の要所でもあったので、ここに陣を構えるのは頷ける。また、同じ道路沿いに連合戸長役場だったお宅も残っている。道路からは少し入った場所にあるが、戸長役場は名栗地域の村民誰でも周知の場所だったので都合が良かったのだろう。

上名栗村（旧）の馬頭堂

この史料で残念なのは、自警団の参加人数が記されていないことである。他地域では既述したように、日付・人数・参加者名・警備場所が記されていて極めて詳細に残っているが、名栗地域は概数なので、どれくらいの人数が集まったのか知りたいところである。

『その後竹内警部の命令により、下名栗の諸入口の警備人足を上名栗へ行かせ、赤澤村諸入口の警備人足は追って下名栗の後詰にした。さらに兵粮五〇人前の炊き出し運搬をするように下名栗村へ命令し、手配させた。食糧は下名栗村の加藤倉七・小澤栄次郎他三名が責任者となった。史料に頻繁に登場する加藤家も当時の場所に残っている。

正午一二時頃飯能警察署の巡査が来て戦地の状況を尋問し、その後すぐに上名栗村へ向かって行った。午後七時に憲兵半小隊が来て、休憩・飲食し、これもすぐに上名栗村へ向かい、上名栗の小学校を仮本部とした。午後一〇時入間高麗郡書記後藤畦三他一名が、戦地の状況を報告するために来て、憲兵曹長田中氏と一緒に飯能まで帰った。午前二時頃下名栗村湯基入南指山の頂上で、篝火が燃え上がり、村民が「暴徒」の行動だと思い、不安が募った。この状況を憲兵隊に報告し対処を要請した。要請したのは下名栗村の加藤直温であった。』

秩父郡に近接した地域は、どこでもこのような誤報が目立つ。当時のような情報網がない状況では、根拠のない噂等に踊らされるのは仕方のないことであるが、冷静に考えれば、ありそうもないことに村の幹部も同調してしまうことはある意味怖いことである。この日秩父困民党軍は、皆野で本陣が崩壊し、田代等幹部は戦列から離脱している。

『一一月五日
本日未明、憲兵隊は芦ヶ久保口へ、巡査隊は妻坂峠口から秩父郡へ進軍して行った。午前九時頃秩父郡横瀬村の小泉信太郎という者が来村し、通行証を請求したので渡すことになった。その時、小泉はこのように戦況を報告した。

「『暴徒』は横瀬村へ乱入し、村民を強迫し、一戸につき一名の駆り出しを行った。しかし、現在では一〇人中八～九人は帰村しており安堵している。また昨日寄居口から進軍して来た憲兵・巡査は、「暴徒」を親鼻（皆野町）で急に攻撃したので、「暴徒」は守りを捨てて逃走し、皆野村岩鼻を拠点に抵抗している。」

午前には神奈川県西多摩郡（当時）上成木村の井上要吉という者が、横浜居留地警部泉研介の命令によって名栗地域に情勢探索の目的でやって来た。午後一時頃神奈川県西多摩郡上成木村戸長役場の小遣幸太郎という者が、状況視察及び打合せのために来た。名栗地域は下名栗村の小沢峠を隔てて、神奈川県と近接していた。そのため神奈川県側も戦々恐々としていたことが、何度も来村する役人等の行動で読み取れる。ちなみに秩父郡長の伊藤栄もこの小沢峠を越えて早々に逃げていたのである。

午後七時に本県探偵三名が来村し、上下名栗地域も困民党軍の味方に付こうとする者と、反発する者と両方おり、様子を眺めている状態だと報告して来た。午後八時頃、上成木村の熊田軍蔵・小山彦太郎の両名が神奈川県警部の命令を受け、情勢を探りに来村した。午後一〇時頃高麗郡原市場村の村民二名を先導として、神奈川県泉警部及び巡査数名が来村し、本県探偵と面接し、小沢峠及び大丹波口の警備を逐一語り合った。次に戦地の状況を尋問し、終了後すぐに帰営した。

思うに小沢峠は本県と神奈川県を結ぶ要路であり、大丹波口は神奈川県西多摩郡から秩父大宮郷への間道であるので両方とも重要である。この打合せでは、この二つの道路の警備体制の強化が重要な議題だったのだろう。

時間が前後するが正午一二時頃柏崎警部・憲兵曹長田中某・川越周防藩士阿部某が来村し、昼食を済ませた後、すぐに大宮郷に向けて出発した。本日山林諸口の警備について、連合戸長と打合せを行ったところ、すぐに連絡が回ることとなった。内容は以下のことである。

上名栗村については、今朝諸入口の警備を廃止し、憲兵及び巡査、本村の銃手は横瀬村境の妻坂峠及び芦ヶ久保村境の山伏峠へ向かった。早朝の出発だったので村方の猟師も何名か混じっていたが、最早現地に到着していると考える。下名栗村でも村内の警備体制を整えるだけで、山林等の警備は準備しなくともよいのではないか。

要するに主な道路は物見・斥候を置くだけでよいと考える。

右のような事は、村の役人と協議していただき宜しく取り計らって欲しい。上名栗村の役人は、皆正覚寺に詰めている。以上自分の意見を述べさせていただいた。

一一月五日
加藤直温殿』　　　　　　　　　　　　岡部義三郎

　最後に出てくる上名栗村の正覚寺は、秩父郡境の妻坂・山伏両峠に向かう分岐点に位置する古刹である。ここが防衛拠点となるのは、必然であったのだろう。なおこの正覚寺は武州世直し一揆の発火点となった場所でもある。武州世直し一揆、そして秩父事件という幕末・近代を代表する民衆運動の発火点と、今度は阻止するための防衛拠点となったことは一八年の時間が流れているとは言え、歴史の皮肉を感ぜざるを得ないし、また何か腑に落ちない思いにさせられてならない。

上名栗村（旧）の正覚寺（武州一揆の発火点でもある）

　同日上名栗村から連絡が入った。内容はこうである。
『本日出張の憲兵・警察官は無事大宮郷に到着した。大宮郷の「暴徒」は皆野へ退去した。大宮郷近辺は憲兵が警備を固め、用意は万全である。この情報は父（岡部勇蔵）からのもので、取りあえず報告した。父が帰宅したら、詳細は報告したい。

一一月五日

岡部義三郎

加藤直温殿』

（史料はこの辺りから往復書簡形式となる）

『一一月六日

昨夜、本県の探偵三名が投宿した時、上下名栗村人民に二心ある者がいて、傍観しているという報告があった。その趣旨を上名栗村へ伝えたところ、左の様な返事があった。

書面の内容は理解したところである。村民の疑心は未だ聞いていないが、書面の情報は何を根拠にしているのか知らないが、心配することはない。

次に大宮郷の状況は、軍隊が集まり始め、徐々に鎮静化している。しかし、現地からは何の確定的な情報がなく、ただ昨日、本村の猟師が横瀬村まで憲兵・警察を護衛しながら行ったことは承知している。

また確定的な情報があったら通知したい。

一一月五日

上名栗村　岡部義三郎

加藤直温殿

秩父口は用意万全である。しかし、上成木村口の一方は、警備が手薄であるとの急報があり、そこを固めるため下名栗村の銃手を差し向けて欲しい。次に「そこに間者が入りこんだという情報が、飯能探偵掛より伝えられた」と名郷詰の者から聞いたので取りあえず報告する。

上名栗村　岡部義三郎他

一一月五日

加藤寅三郎殿他

右の様に、連絡が届いたので、すぐに手配し、かつ手紙を書き、名郷詰の巡査数名の派遣要請をする。

下名栗村の議員及び惣代人を召集し、それぞれ諸入口の警備をさせた。そして現地の報道を待っているが、未だ確定的な報告もなく、村民一同は疲弊し、戦々恐々としている。どうか、しっかりとした指揮官を据え、万事指図を受けて防御したい。かつ、深夜に虚をついて、「暴徒」が進入した時は村民だけでは例え千人以上いても狼狽するのは必至である。防御の手段もないので悪戯に騒動が激化するだけだと考える。

右の事情を賢察下さり、当地へ出張している警官のうち三名を派遣して下さることを願う。

下名栗村　加藤直温

一一月六日

連合戸長役場　御中』

この書簡に対して、上名栗村連合戸長代理の佐野幸三からすぐに返答が来て、加藤の要請を名郷に伝えると記している。この様な往復書簡から読み取れるのは、上下名栗村民の緊迫と焦燥感である。また、確定情報が得られないことへの苛立ちも随所に見てとれる。さらに深刻なのは、警備の指揮系統が決定的に弱く、軍隊警察への不信感が増幅していることである。軍隊警察も人員不足、情報不足が露呈している。秩父事件が、当時の官側の警備体制の想定を超えたものであったことがわかり、それに対応するように村民の自衛意識も余計に高まったのだろう。これは秩父郡の近接地域に共通する現象である。

『さて、六日午後一一時、岡部義三郎来て、上下名栗村諸入口の警備についてと、戦地の状況等を話し、一二時頃に帰宅して行った。岡部戸長の報告は左のようだった。

防御のため、巡査の派遣を要請したところ、当地も本田警部他一名巡査がいるのみで、何分困っている。別紙の通り、鎌田警部が寄越した書面では、「暴徒」は白久村まで退散したという。

飯能には鎮台兵四〇〇名が屯営していると本田警部から聞いている。飯能から吾野地方にかけては全く心配がない。かつ、先刻大宮の渋谷某氏が言うには、神奈川県青梅地方も警備が行届いているので、これも心配はいらないということである。しかし、油断することなく手配して欲しい。当地の村民も色々と混乱の中にいる。何れ大宮郷から偵察人が帰村しだい、確定的な情報を伝えたい。

一一月六日　　　　　　　　　　名郷にて　岡部

加藤様他

本日夜一二時過ぎ、上名栗村役人佐野幸三郎は本県巡査大嶽菊次郎をともなってやって来た。大嶽巡査は当夜から下名栗村に滞在し、佐野は帰って行った。深夜三時頃本村龍泉寺の背後で発砲音があり、これにより村の諸入口の警備は一層厳重となった。一一月六日と言えば困民党軍はすでに信州遠征隊を除けば解体している段階だが、名栗地域では緊迫した状態が継続していた。

一一月七日

昨夜午前三時、下名栗村の龍泉寺裏手の金毘羅山中で、砲声がしたので驚き、諸入口の警備体制を一層厳重にし、自警団は徹夜で警備にあたった。そして午前五時、早朝の空気を侵して、下名栗村の銃手塩野冨五郎・町田源吉・金子松五郎・岡部惣三郎・町田仲次郎、撃剣者加藤市五郎・冨仲廣和・本田角太郎・榎本浪五郎・豊住留吉・塩野浪作・矢嶋清三郎等全軍二〇人を二隊に分け、一隊一〇人は間道の要衝を抑え、もう一隊一〇人は大嶽巡査が率い、龍泉寺裏の金毘羅山中の捜索に向かった。同山中の西澤という場所に銃台を立てた痕跡があることを発見し、「暴徒」が潜伏していると思い、より細かく捜索したが、「暴徒」は既に去っており一人も確認することが出来なかった。午後一時には諦めて全員が帰営した。』

この記述を読む限り、この段階の自警団は、鉄砲の扱いに慣れている猟師や、剣術の経験がある撃剣者が軸であったことがわかる。この段階でも警察軍隊の影は見えず、村民が結集して自覚的・自主的に動いている。

まさに自警団と言ってよいと考える。

『本日午前一〇時頃、神奈川県巡査久下光廣・田中吉二郎の両名が来村し、神奈川県の下小沢峠及び大丹波口の警備の様子を相談し、一一時頃に帰営した。但し両名は大丹波口に詰めることになった。

午後一時本田警部補が名郷の逓三郎氏と一緒に来て、大嶽巡査に会い、戦地の状況を詳細に相談し、かつ下名栗村の警備体制を指示した。その後村の役人が協議し、左の様に手配した。

・下名栗村の人々（動員できる男性）を、三つに分け、一隊を二〇人とし、その中に五人の銃手、一〇人の撃剣者を入れる。残り五人は遊撃に回り、小沢・湯基・有馬三つの主要口を警備させる。もし敵の攻撃があれば、こちらも発砲して警告する。
・夜を時間で区切り、八時・一一時・三時・五時に分けて、時間ごとに必ず二発発砲し、諸入口の声援とする

午後四時に神奈川県警部長・本県柏崎警部補及び巡査・役人五七名が来村し、戦地の状況を相談した。これが終わって警部長は大宮へ、警部補は飯能へ向かった。柏崎警部補から、戦地は既に落ち着きを取り戻しているので、下名栗村の警備体制を緩和し、人民は安堵し、農業に従事することという話があった。但し当分の間、子どもや女性は深山幽谷に入ってはいけない。夜中は堅く門戸を閉め、油断することがないように説諭した。その内容は惣代人から村内に伝えるようにと言っていた。

一一月八日
本日連合戸長岡部勇蔵から通報があった。内容は左の通りである。
引き続き警備体制をしいてお疲れ様である。名郷詰の本田警部補からの連絡で、大嶽巡査は名郷へ引き上げる様に、同氏に伝えて欲しい。

・本日警備の者は引き払い、夜中になったら協議し、重要な場所のみに警備を設置するのがよい。それ以外の者は、農業に戻る様に伝えて欲しい。
・昨夕上名栗村の白岩で「暴徒」一名を捕縛し、すぐに大宮郷へ送ったので、報告する。

一一月七日　　上名栗村連合戸長　　岡部

加藤様

この報告により、大嶽巡査は名郷へ引き上げた。上名栗村諸入口の警備は続け、特に夜中は厳重に行うこととした。

「暴徒」事件によって、一一月二日から戸長役場は閉鎖していたが、「暴徒」は大半が鎮静化したので、本日から再開することを村民に伝えること。本日午後三時頃、桶川警察巡査梅澤富松・警察本署詰巡査今村信之の両名が来村し、状況の探索を行った。

一一月九日

「暴徒」は既に壊滅したので、連合戸長岡部勇蔵・長男義三郎氏に慰労使になってもらい、村役人及び組惣代人等の日々の労苦を慰撫するために差配した。この日下名栗村役人加藤倉七にも議員・組惣代の家へ慰撫のために派遣した。

一一月一〇日

不穏な動きをした「暴徒」は鎮定されたので、我が明府君（県令か）から左の様に告諭があった。

告諭

今回蜂起した「暴徒」は計画性のないものだったので、すぐに鎮圧に着手できた。そのため現在は既に鎮定されたのである。だから一般人民は少しも恐れる必要はなく、各々自分の仕事に専念すること。また「暴徒」の強迫に耐えきれず随行してしまった者も少なくないと聞いている。その場合速やかに自首すれば、罪一等を減ずる。ゆえに心得違いのないようにせよ。

埼玉県令　吉田清英

明治一七年一一月

編集人　秩父郡上名栗村学校　松村三之助

校閲人　　　　同右　　　　加藤直温』

以上が秩父事件に直面した飯能・名栗、特に名栗地域の動きである。飯能は上下名栗村からは離れており、危機感は薄い。それに比べて名栗地域の事件当初の狼狽ぶりは、史料を読むだけでも相当なものがある。しかし、事件後半になると、自警団の結成や警備体制が整ってくる。

しかし、名栗地域でもし困民党軍が来襲していたらどうなっていただろう。ここでも他地域同様、官対民という戦いではなく、民対民の戦いが起こる可能性が限りなく高かったと言える。

それにしても、一八年前の武州世直し一揆において、名栗村は震源地となり、参加者一〇万人というねりをつくり、幕府側を震撼させたのもかかわらず、今回はそれを鎮圧する側に回ったことは、本当に不可思議である。聞き取りを行ったところ、名栗地域は、秩父とは違い養蚕業だけでなく、林業や炭焼き業があって、秩父程経済的打撃はなかったというが、困窮状態にそれほど違いがあったとは思えない。武州世直し一揆の体験者もいたかも知れないし、またいなくともあれほどの大一揆の記憶は語り伝えられていたはずである。

武州世直し一揆の挫折の経験が、名栗村民にはどのように生かされたのであろうか。秩父事件の対応を見る限りにおいて、一揆の教訓が困民党軍側にはプラスには作用していないことがわかる。

秩父事件後、参加者は「暴徒」、事件は「暴動」「騒動」とされ、参加者やその家族が偏見や差別的な待遇をされて、結局事件は埋もれてしまった。そして、事件を人前で語ることも憚られる状態に追い詰められた。推測の域を出ないが、一揆後それと似通った状況になったため、武州世直し一揆も歴史の底に沈められたのかも知れない。もっと言えば、体制に反抗してみじめな思いをしたくないという気持ちが働いてしまったのではないか。そう思わせるような名栗地域の動きである。

【コラム　幕末の農兵隊】

武州世直し一揆と秩父事件は、どうしても繋げて考えがちである。聞き取り調査等を行っていると、武州一揆と秩父事件の伝承が混同することが本当に多い。この関係はいつか追究してみたいと考える。

秩父事件では、近接地域に驚く程の人数と規模で、自警団が素早く起ちあがる。では、武州一揆ではどうなのかは、章を変えて触れてみたい。それとは別に、武州一揆の一揆勢が多摩地域に進入した時、そこで衝突したのが「農兵隊」であった。農兵隊は教科書等にもほとんど取り上げられていない存在である。農兵隊は自警団と違い官側によって組織・訓練された軍隊であった。その中で伊豆韮山の代官江川太郎左衛門（英龍）の組織したものは、かなり強力であったという。農兵隊については、地方紙『西多摩新聞』（二〇一八年八月三一号）が特集しているので、記事を追って見たい。

まず農兵とは、幕末の政情不安を背景に、治安維持を目的に結成された軍隊である。農兵と言うのだから、普段は農業等に従事している者を臨時的に兵として動かすのである。この農兵の必要性を強力に訴えたのが既述した江川太郎左衛門である。江川と言えば、西洋砲術の専門家、また反射炉を造る等先進的な考えを持った名代官としてつとに有名である。彼は洋式軍隊の強さを熟知しており、集団で機械的に動く西洋軍隊には、個人行動に走らない農民の方が適していると考えた。

江川は、伊豆韮山の代官所付近の村で、訓練を開始したのである。訓練された農兵は、伊豆に来航したイギリス軍艦の対処に活躍した。江川は何度も幕府に農兵制度の要請をしたが、取り合ってもらえなかった。それは、江戸時代の身分制度が崩れることを恐れたからであった。

農兵制度は一八六三年に、伊豆韮山代官所管轄地域に限り認められた。その後は代官管轄地域以外でも、兵力不足や治安対策として続々と農兵隊が設立され、明治政府の徴兵制実施まで続くことになった。

武州一揆と戦った多摩の農兵をどうだったのだろうか。多摩もまた韮山代官領であったので、各地で農兵隊が設立された。主に日野・五日市・拝島・田無等の農兵隊が知られている。農兵となったのは身元が確かな富農の次男・三男であり、武器や装備品、訓練の費用は村で負担した。また、富農や豪商は治安悪化の不安により、地元を護る農兵隊に寄付を惜しまなかった。

多摩地域では各地で続々と訓練が始まった。訓練方法は、最新式の銃の扱い方や、部隊ごとに動く洋式軍事訓練であった。採用された農兵も積極的で、飲み込みも早かった。これには、地元を護るという明確な目的意識があったからだと言われている。このように各地で農兵隊が誕生したが、韮山代官領の農兵は実力・装備ともに抜きん出ていた。武州世直し一揆が衝突したのはこのような兵であった。

この章で既述したように、多摩方面に向かった一揆勢は、青梅で打ちこわしを行った。そこから多摩川沿いを南下し、築地河原で日野農兵隊・撃剣組等に敗れた。一方的な銃撃で、一揆勢の死者は一八人にもなった。農兵隊の訓練された銃撃が功を奏したのである。

武州世直し一揆は、これも既述したように、最終盤に秩父で結成された自警団に敗れ、武州南部では農兵隊に敗れた。一揆を鎮圧したのは、一義的には幕府勢力だと言えるが、その内実を見ると、自警団等の民衆の鎮圧勢力に負うところが多分にあったと言える。

この背景には、政情不安に揺れる幕府勢力の弱体化があるが、民衆の中には、「社会を変革する力」

が強力に働くことと、「現状を維持するという力」が、同等かそれ以上に強力に働くことを考えずにはいられない。

豊五郎墓（飯能市上名栗）

紋次郎墓（飯能市上名栗）

第五章　秩父地域

小鹿野地域

秩父事件は、一一月四日の本陣崩壊の後、困民党軍は菊池貫平を中心に再編成され、上州から信州へ向かったことは、既述した通りである。秩父の近接地域の動向を主題としている本書では、ここでは上州群馬の動向を追うべきであるが、その前に秩父郡内の動きを抑えておきたい。

それは秩父郡内の人々が皆事件に同調していたわけではなかったからである。秩父では、事件に参加した人々の人数からしても同調する者が多かったと言える。しかし、秩父郡も広域なので、全ての地域がそうだったわけではなく、少なくない人々が事件に対する反発をしていた。他は他地域と同様に無関心か、あるいは嵐が去るのを待つように、姿勢を低くしていたのである。

それでも、震源地秩父においては、反発心はあっても、さすがに自警団的な組織はなかったのではないかと勝手に考えていたが、秩父でも他地域と同様に、自警団が結成されていたのである。秩父郡内の自警団についてはそれほど史料がないので、わずかな史料を手掛かりに秩父郡の動向を追って見よう。

困民党軍が椋神社で旗揚げをして、最初に進入したのが小鹿野町である。まず小鹿野地域の状況を見てみる。小鹿野町は秩父盆地の西部に位置しており、西側で志賀坂峠や矢久峠を隔てて群馬県と接し、東側に進めば、小鹿坂峠等を越えると秩父市である。古くから西秩父の交通・経済・文化の中心の町である。現在は人口減少等でかつての勢いは感じられないが、事件当時は富商や高利貸等が多く建ち並んでいた。

『小鹿野町誌』等に詳細に事件が記述されているので、追って見たい。第一章「秩父事件の概観」の内容と重複するが、ご容赦願いたい。一一月一日午後八時に困民党軍は椋神社から小鹿野町へ進撃を開始する。部隊は甲乙二隊であり、甲隊は下小鹿野から進撃し、乙隊は巣掛峠を越えて小鹿野町の西側から進撃した。乙隊は途中で高利貸の吉川宅を襲った。その後食料・武器を現地調達しながら、小鹿野町の西に到着した。一一時頃甲乙両隊は合流し、本部を諏訪神社とした。現在の小鹿神社である。小鹿神社は山の中腹に位置し、現在でも非常に眺めの良い所である。周囲の状況を最大に警戒しなければならない困民党軍にとって最高の場所であった。

その夜困民党軍は、警察の分署を包囲し発砲したが、警察署の幹部は事件を察知し、書類等を処分した後、大

小鹿野町 小鹿神社（旧諏訪神社）

宮郷まで避難していた。町民の安全を第一に考えるべき警察が、真っ先に逃げたことは、呆れるほかない。

困民党軍は高利貸とともに、裁判所・役場等の公的機関を襲撃した。高利貸の家は焼き打ちをかけるので、火はなかなか消えずに、大宮郷からもわかったという。

諏訪神社に宿営した困民党軍は、二日午前六時頃本丸である大宮郷へ向かって出発した。小鹿野町の人々は安堵したが、午後二時頃に別動隊として武器・食料・金銭等を駆り出しに動いていた坂本宗作隊、同じく飯田・三山・河原沢で動いていた高岸善吉隊が小鹿野町に襲来して来た。その数ははっきりしないが数百人とされている。

困民党軍は柴崎佐平・加藤恒吉宅を襲った。両宅は再度の打ちこわしであった。一旦安堵した小鹿野の人々は再び恐怖に陥った。公的機関が麻痺し、町民を保護する手立てを失った小鹿野町であった。この時の戸長は田隝唯一であった。戸長は小鹿野町の剣客大木喜太郎・宮下米三郎等と協議した。大木や宮下は小鹿野にある甲源一刀流逸見道場門下であった（逸見道場のことは別項で記したい）。大木や宮下は困民党軍とまともに戦ったら勝負にはならないと知っていた。そこで困民党軍に同調する振りをして、仲間に加わり、そこで偽情報を流し混乱させるという作戦を立て、実行に移した。騙された困民党軍は小鹿野から小鹿坂峠に移動してしまった。困民党軍の指導者は高岸であった。『町誌』によれば、高岸は乱暴で単純、激しやすい性格だったので成功したのだろうと記している。これが田代栄助や加藤織平等だったらこうは行かなかったとも書いている。

三日の朝、大木・宮下等は偽装工作を成功させた後、小鹿野に帰った。小鹿野では町全体で警備体制が整備されつつあった。焼き打ち等に備えて、消防が出て火消しの体制が出来ていた。

ここで困民党軍の中で大宮郷に行かず居残った者がいたので、大木・宮下等は彼に対峙することとなった。居残った者は近藤五平であった。五平は数人を引き連れて、各家を回り金銭を物色・強要をしていたのである。これこそ田代等がいたら起こり得なかったことだろう。宮下等は五平を追って、町の西部まで行き、新井耕地で追いつき、五平は宮下に斬られ命を落とした。近藤五平もまた逸見道場の門下生であった。

小鹿野の自警団は、一層強化された。戸長役場（田隝唯一）に本部を設置し、第一から第五までの警備所を設けた。本部には宮下米三郎、大木喜太郎、檜山省吾等逸見道場門下の剣客が陣取った。

警備所の場所は記録に残っていないが、小鹿野町に入る主要道路であったと考える。例えば西側で言えば、巣掛峠や両神口、東で言えば下吉田や大宮郷からの入口付近であろう（小鹿野町の『柴崎家文書』に、困民党軍の進入場所が記してあり、それは北浦・タゴ板・壱本・巣掛等としているので警備場所もそこの可能性がある）。

これは推測の域だが、小鹿野に入る道は限られてくるので、そう間違いはないと思う。各警備所には五〇人の自警団員を置いた。五カ所なので二五〇人程になる。そこのまとめ役は渡辺伝八、新井種蔵、田島衛之、小鹿原準作等であった。

宮下・大木・檜山等は、木村三治という花火師に命令して、火薬を調達し迎撃体制を準備したのである。そして逸見道場門下生は、師範である逸見愛作の力も借りようということで、意見が一致し、愛作に懇願したところ許可されたので、田隝戸長に報告した。つまり、小鹿野の自警団は逸見道場の門下生が主体であった。他地域も既述した東松山や滑川でも剣客が活躍はしたが、小鹿野のように一道場の門下生が軸になるのはやはり特異なことである。後に記すが甲源一刀流逸見道場は、小鹿野だけでなく、埼玉県西部を代表する剣術流派で、門弟は全国に及び一時は三千人を数えたという。逸見道場はただの剣術道場ではなく、地域の精神的な支柱の役割も果たしていた。そのような背景があってこそ、小鹿野の自警団の軸に成り得たのであろう。

『小鹿野町誌』は最後に、「小鹿野から事件に参加した者はいない。」と記している。小鹿野は駆り出される場所というより、西秩父の中心だったので襲撃対象であった。そのため打ちこわしや焼き打ちが眼前で展開されたので、事件に同調しにくかったのだろう。田代栄助等の幹部が去った後は、男子は山に隠れてしまい、街中には女性と子どもしかいなかった。同じ秩父郡と言っても地域によって、経済的な格差を背景とした温度差があったのである。

【コラム　甲源一刀流逸見道場】

小鹿野の自警団の主軸となったのは、何度も記すように甲源一刀流逸見道場の門弟たちであった。また、比企滑川地域で自警団に参加した大塚多恵八も、コラムで紹介した通り逸見道場の高弟であった。

甲源一刀流は、小鹿野町両神の逸見義年を祖として、逸見家に代々受け継がれた流派である。逸見家の祖先は、甲斐源氏源義光とされている。逸見一族は甲斐の国に居住していたが、一六代逸見義綱の時、一族を連れて秩父に移住した。逸見家が居を構えたのが、小鹿野の小沢口であった。逸見家はその後、江戸期には両神薄村の名主を務めた。

流派の祖義年は、家伝の兵法を学び、山岳修行を繰り返した。また他流派にも師事し、印可を受けた。さらに自分の創意工夫を加え、一七七六年に甲源一刀流を創始し、数多くの門弟を育成した。なお「甲源」とは甲斐源氏から来ている。逸見家当主は、歴代名剣士であり、特に二一代長英、二三代英敦等が知られている。門弟は、秩父地方を中心として全国に及び、最盛期で三千人程になったという。逸見家は現在も続き、現当主は二七代目である。

逸見道場は、小鹿野町小沢口に、江戸時代に造られた道場を遺している。道場は耀武館というが、行ってみるとその小ささに驚いた。ここでよく多くの門弟が稽古したなと思ったが、現当主の話によれば、門弟は庭や畑等が稽古場だったという。また道場の近くには資料館も併設され、逸見家の史料や江戸期の駕籠等貴重な物を見ることができる。ただ残念ながら秩父事件関連のものは無く、現当主に事件時のことを伺ったが、話は伝わっていないということだった。

小鹿野町で結成された自警団は、戸長の田隝唯一が起点であり、彼が逸見道場宗家の許可を取った。そして師範クラスの宮下米三郎、大木喜太郎、檜山省吾等が加わった。小鹿野の自警団は、警察・軍隊等がほとんど関わっていないため、純粋な形の自警団であった。困民党軍が、もし小鹿野に再々来するようなことがあれば、ここも民対民の戦いが行われた可能性がある。

大宮郷地域

大宮郷つまり現秩父市に入った困民党軍の動きを再度追ってみよう。また大宮郷で後に結成される自警団についても見てみたい。

一一月二日早朝、困民党軍甲乙両隊は小鹿野を出発し、大宮郷に向かった。午前一〇時頃には小鹿坂峠を越え、音楽寺に入った。音楽寺は非常に眺望に優れており、大宮郷の家並を見下しながら、幹部たちは軍議を開いた。大宮郷に行くには、荒川本流を渡らなければならない。大宮郷の様子がつかめない幹部は、警備体制を警戒していた。そこで派遣していた斥候が戻り、大渡河地点の武の鼻の渡しは無防備であることが判明した。困民党軍は音楽寺の鐘を合図に、大宮郷へ駆け下り、荒川本流を渡っていった。

先陣を切ったのは、加藤織平であった。総理の田代は他の幹部とともに、いきなり町の中心部には入らずに、大宮郷の西側にある近戸の地蔵堂に陣を構えた。その頃加藤を中心とする主力は、警察署・郡役所・裁判所・役場等の公的機関を襲い、書類等を焼却していた。夕方には田代等は加藤と合流し、当初は秩父神社を本部にする予定だったが、場所を変更して秩父郡役所となった。郡役所は現在秩父地方庁舎の建物が建っている。郡役所は井出為吉の提案によって「革命本部」と改称された。秩父郡長伊藤栄をはじめとする役人は、前章でも記した通り、困民党軍が来る前に早々に名栗方面に逃亡していた。逃亡時に、有名な話だが頭は坊主にし、農民の服装に着替えていた。秩父郡行政の最高責任者がこの有様である。田代等困民党幹部たちが堂々と郡役所に入ったことに比べると、行政官が一体誰のためにあるのかを露顕させる出来事であった。とにかく大宮郷は、この結果公的機関が完全に停止し、無政府状態となったのである。郡役所はまさに「革命本部」となった。

本部は一息ついている暇はなく、食料・軍資金・武器等の調達、そして農民の駆り出しも行う必要があった。そこで、高利貸に対する打ちこわしを行った。これはいきなり、打ちこわすのではなく、まず交渉から始め、応じない場合に行ったのである。大宮郷で打ちこわしや焼き打ちにあったのは、刀屋の稲葉家、高野三家等である。

焼き打ちをする際には、隣家への類焼を防ぐために細心の注意を払った。また無謀な殺生等も行われていない。ここでも軍律は生きていたと言える。

一一月三日朝、憲兵隊・巡査隊が進撃中という情報を得て、本部は緊急で軍議を開き、困民党軍を甲隊・乙隊・丙隊に三分割した。甲隊は加藤織平・新井周三郎、乙隊は菊池貫平・飯塚森蔵、そして丙隊は落合寅市がそれぞれ率いた。田代等の幹部は丙隊とともに本部の郡役所に詰めていた。

甲隊は、憲兵・巡査隊の動きの誤報に惑わされ、吉田方面へと向かう。乙隊も当初は大野原にいたが、これも誤報を信じ、皆野まで移動してしまう。困民党軍の弱点の一つが連絡体制で、正確な情報が伝わらなかったことは致命的であった。

総理田代は本部にいて、この統制のはずれた困民党軍の動きに焦っていた。しかし、動き出してしまった以上これを止めることは出来ず、田代も本部を出発し、皆野に向かった。皆野の角屋が本部となり乙隊と合流する。この時田代は持病の胸痛が悪化していた。そして午後四時頃、憲兵隊が進撃して来て、親鼻の渡しで困民党軍と銃撃戦となる。いわゆる「親鼻の戦い」である。この時憲兵隊は銃と弾薬が適合せず、三〇分余りで撤退してしまった。

明けて四日朝、皆野町の長楽寺にいた甲隊の新井周三郎が、捕虜であった青木巡査に斬られ重傷を負うという事件が起きた。この間、軍隊・警察そして自警団は確実に、秩父郡いや困民党軍包囲網を形成しつつあった。持病の胸痛に加え、信頼していた甲大隊長新井周三郎の重傷は田代栄助には衝撃的な出来事であった。午後三時頃田代や井上伝蔵等の幹部は、密かに本部を離れ、秩父山地へ姿を消した。この後に、菊池貫平・坂本宗作等を軸に、困民党軍が再編成され、上武境の矢久峠を越え、群馬・長野へ転戦することは既述した通りである。

さて、以上が困民党軍の秩父郡内での大まかな動きである。困民党軍は、大宮郷では向かうところ敵なしという状態であり、確かにその通りなのであるが、実は小鹿野町と同様に、大宮郷やその周辺でも自警的な動きがあり、実際に自警団は結成されたのである。それが『集成』の中の「秩父暴動概略」に記されているので、追って見てみよう。

『一一月四日

午前七時、昨日入方へ行った「暴徒」等が、大滝村連合戸長山中清記氏指揮の村民に撃たれ苦戦しているという風説が流れた。同時に上影森村の二名が来て、入方へ登った自由党員があちこちで村民に捕縛されている。

このまま時間が経過すれば、困民党軍は必ず大軍を率いて引き返してくると思われるので、われら村方から上の方は一致団結して、防御に着手した。しかし、当大宮郷で民衆が困民党軍に同調したならば、防ぐことも覚束なくなる。だからどのような考えがあるのか伺うためにやって来た。もし、大宮郷で自由党に同調する動きが見られたら、われらは防御に苦労する。まず大宮郷を焼き払った後、防御に尽力するという決意を、当郷の重鎮である人々に談判した。重鎮たちは各町へ相談し、「暴徒」から防御することの同意を得た。

人々は話し合い「暴徒が攻めて来る前に、こちらから進撃すること」を決めたと答えた。上影森村の二名は大いに喜んで、そのようなことなら、鉄砲の銃手を加勢として差し向けると言ってすぐに帰ったのである。このような決定があったことを知らずに、下の方から一名二名とやって来る「暴徒」等を断続的に捕縛していた。

午前一〇時頃上下両影森村及び入方・浦山その他近隣へ使者を派遣し、鉄砲の銃手を依頼し、各村では皆それを承諾した。正午一二時頃、各村から鉄砲の銃手が次々と大宮郷へ入って来た。大宮郷でも自警団の準備が進んでいた。自警団は困民党軍と区別するため、目印として赤い旗、赤い鉢巻で揃えた。

午後一時頃、準備が整ったので、大宮郷から北の黒谷村に向けて出発した。その人数はおよそ五〜六〇〇名で、彼らは鯨声を上げて進軍した。』


さて、大宮郷自警団も結成については、軍隊・警察の指示命令の影さえない。困民党軍に急襲され、一時は大混乱になったが、冷静さを取り戻すと、素早く自警団を起ち上げている。身支度は困民党軍と区別するため赤い旗、赤い鉢巻であった（名栗地域の自警団が鬱金色の鉢巻・襷）。しかも、五〜六〇〇名という少なくない人数が短時日のうちに集まっている。しかも事件から離れた場所でなく、震源地でこのような状態なのは衝撃的でさえある。

自警団は進軍中、近隣の村から続々と集まって脹れていった。なお隊長を務めたのは各村の戸長や有力農民たちであった。進軍中は付近の山林等に困民党軍が潜んでいないか、山狩りも行っていた。

『そして午後四時頃、黒谷川付近に到着し、陣を設置した。また潜伏する困民党軍の残党等六～七名を捕縛した。

「暴徒」の一部は一時間ほど前まで、黒谷川近辺に陣を置いていたが、小川町から軍隊が来て攻撃するという情報を聞き、秩父・比企境の粥新田峠の防御に向かった。残った「暴徒」一〇〇名余りは、大宮郷から自警団が来ると聞いて、逃げてしまっていた。

午後五時、鉄砲銃手は食料が来ないことに怒り、次々と自分の村へ帰ってしまったので、自警団は困惑した。ちょうどこの時、二～三〇名の「暴徒」を発見したが、銃手がいなかったため追撃することが出来ず、数名を捕縛しただけで、後は取り逃がしてしまった。夕方になっても、「暴徒」は戻って来なかったため、一先ず自警団は退くこととなった。途中の大野原村で、巡査二〇名余りと出会った。巡査は隠密行動をしていたが、状況が落ち着いたため、公然と動いていると言った。夜に入り、自警団は大宮郷へ帰り、人足はそれぞれ帰宅して行った。

午後八時、自警団は一息入れた後、また大宮郷の警備を固めようとした際、宮の川町に自由党員が急に攻めよせて来たという半鐘が鳴り、鉄砲が撃たれたので、市中は大混乱し、人々のあわてようは尋常ではなかった。

各村へ帰った銃手を呼びにゆく者、攻撃に行く者がいたが、そのうち大宮郷字宮地まで来たという「暴徒」は、その付近に一名もいなかった。不審に思って同地の人に尋ねたが、確かに「暴徒」が一～二名来たのだが、発見した者は、捕縛する手段がないので、半鐘を鳴らしたところ、宮の川町がこれを受けて半鐘を鳴らしたことが判明した。誤報に近い情報であったが、念のため宮地のサヤド橋に一五〇名の自警団を置き、警備を固めた。その他、大宮郷の各出口に自警団を配置し、警備した。

大宮郷では他所から来た二〇名の巡査が、警察署に宿泊した。郡役所は「暴徒」が来た際に、役人の幹部たちは名栗村に逃げ、一名もいなかった。しかし、潜伏していた幹部以外の役人・小使等が今夜から宿泊することになった。つまり大宮郷は「無政の郷」から回復しつつあった。当夜は皆野方面の「暴徒」の攻撃を恐れ、市中を厳密に取締り、かつ数人で各町を巡回した。また同士討ちを防ぐため、「みや」の合言葉を決め、区別することとした。午前二時頃近隣から大宮郷へ援軍に来ていた銃手は、夜の寒さに耐えかねて、適宜帰って行ったので、市中の人々は不安を感じて止めたが、聞き入れなかったので、人々は大いに困ってしまった。

午後四時頃、裁判所の塀際から「暴徒」が現れたので、一時大騒動になった。その時浦山村の銃手一名が残っていた。彼はこのことを聞き、あわてて退こうとして茶畑に入ったところ竹槍で刺されてしまったが、幸い軽傷であった。この騒動の時、警察署に宿泊していた巡査等は驚天動地に陥り、そのあわて様は抱腹絶倒であった。この動揺の背景は、怪しい者二名が裁判所の裏を通過したという情報があったので、このように狼狽したのである。巡査たちは、それ以前に捕縛した「暴徒」一〇数名を監獄に収監していたので、それを救いに来たと思ったのであろう。』

この後の記述は、東京方面から鎮台兵や憲兵隊が続々と秩父に到着し、警備を固めていく様子となる。従って自警団も徐々に必要がなくなってゆくのである。この「秩父暴動概略」からわかることは、繰り返すが自警団の素早い結成であるが、情報が錯綜し、食料も足りず、指揮系統もはっきりしないことから、自警団の中に苛立ちの様なものが目立っている。それと、大宮郷の人々の疑心暗鬼である。誤報のような情報が飛び交い、小さな事で右往左往する人々の姿が目に浮かぶ。これも行政官を始めとする公的機関が麻痺していることが大きい。さて、この大宮郷自警団の動きを困民党軍側はどう受け止めたのであろうか。それを直接知れる史料は少ない。

それと一一月四日には皆野の本部は解体してしまっているので、自警団と困民党軍の関係を直接知ることは出来ない。ただ総理田代栄助が事件後の尋問で（田代栄助第四回尋問調書）、田代等丙隊が去った後の大宮郷の様子を記している。興味深いので田代の供述を追って見よう。

『問　一一月四日はどうしたのか

答　一一月四日の朝、五郎宅を出発し歩いて皆野村字原の旅宿栄屋に着いた。同日午前一〇時頃柴岡熊吉・高岸善吉・落合寅市その他小柏常次郎等一二～三人が来て、昨日総理が大宮郷を出発した後、荒川を隔てて憲兵隊と戦闘になったが、憲兵隊は本野上に退いてしまった。同村には次々と兵士が集まって来ている様子である。かつ、矢納峠にも軍隊が来ている様子である。この際、協議がしたいのでぜひ本陣の角屋まで来て欲しいと言った。

そこで、同人たちと一緒に本陣へ行き、兵の配置を尋ねた。それによると皆野村渡船場の近くに、鉄砲二挺、その他竹槍を携えた者合せて一二～三人で固めたが、菊池貫平・井出為吉・堀口幸助等はどこかへ逃げてしまい所在がはっきりしないということだった。

竹槍を携えた者は大勢いると言っても、頼みの銃手はわずか七～八人で長くは耐えられないことを嘆いているところへ、井戸村・藤谷淵村に於いて三人の敵を見かけたので用心するようにとの情報を得た。坂本村（東秩父）からの情報では憲兵及び巡査一五〇人程やって来たという。そのため困民党軍幹部は勇気がくじけてしまった。

そこへ自分の三男田代八作が来て伝えるには、大宮郷も昨夜から味方を多く失っているので、用心第一であるということだった。その情報を伝えている途中で大渕村からの情報が入った。それによれば、赤旗を立てた警部巡査四〇人程やって来たので降伏する者が多くなったということだった。

このように八方から敵に包囲されては最早討ち死にするしかない。しかし、一時的に寺尾村に退き、山中に潜み運命を待とうと述べたら皆同意した。自分は会計掛から四〇〇〇円を受け、半分を三男八作に与えて言った。

このような窮迫状態なのでお前はこの金を持ち、親戚の下吉田根岸清助家に潜み、鎮定を待って帰宅せよと。八作と別れ、自分は柴岡熊吉・井上善作の二人に全てを託し、四日午後三時前、井上伝蔵・島田清三郎・贄川村磯田佐馬吉・犬木寿作他二名合計七名で皆野村を出発し、蒔田村を経由し寺尾村山中で様子を探った。そこに皆野村方面から砲声が頻繁に聞こえた。さらに大宮郷を探ると憲兵及び警官が大勢入っていたので、山中深く逃げるしかないと考えた。午後四時過ぎに同所を出発し、長留村字芝原で再会を期して解散した。その際に自分の持金のうち名前を知らない二名に五円、島田清三郎・犬木寿作の両名に六〇円を与えて別れたのである。それから荒川を越えて同村字日野という山中の炭焼き小屋で九日まで潜伏した。』

以降は田代が転々と潜伏先を変え、一四日に捕まるまでが記録されている。田代以下幹部たちの戦線離脱については、様々な意見がある。井上幸治氏の『秩父事件』では、四日の情勢で確かに秩父は包囲されているが、主軍はまだ一戦も交えていない中で、田代はなぜこの状況を跳ね返そうとしないのかと述べている。また最近、研究者の黒沢正則氏が『広域蜂起　秩父事件』を出された。この中で田代は離脱したのではなく、一旦退いて大宮郷の北、下小川橋で第二戦線をつくり抵抗を続ける予定だったと述べている。諦めて離脱したのか、それとも抵抗を続けようとしたのか結論を出すのは簡単ではない。ただ、どちらにしても「戦線離脱」という事実は事実である。

田代が離脱した理由は、巷間言われているように、甲大隊長新井周三郎の重傷や田代自身の持病の悪化もあるが、尋問調書を読む限りにおいては、続々と秩父へ集まって来る軍隊・警察の力が大きいと考える。聞かされる情報は自軍の勝利や、理想としていた「関東一斉蜂起」等とはおよそかけ離れたものばかりであった。田代が時期尚早として、蜂起をためらったのは、焦って蜂起すればこのような結果になることを見通していたからだった。その意味で田代の行動を井上幸治氏程責める気にはなれない。

田代の離脱は、繰り返すが官憲の秩父包囲網によるのが第一義的であるが、もう一つ加えたいことがある。もう一度「田代栄助第四回尋問調書」に戻るが、その四日のところに大宮郷とその近辺の情勢報告がある。大宮郷も多くの味方を失っていることと、赤旗を立て警部巡査が繰り込み降伏する者が多いという記述がある。田代の地元である大宮郷で味方を失ったことに衝撃は大きかっただろう。また「赤旗を立て警部巡査四〇名が繰り込み」というのは大宮郷自警団のことではないだろうか。警官隊の情報と大宮郷自警団の情報が入り混じって伝えられてはいないだろうか。警官隊・軍隊は制服着用のため赤旗等を立てる必要もない。赤旗・赤鉢巻は大宮郷自警団の印である。この辺りは情報が錯綜していたと考える。

ここからは推測の域を出ないが、田代にも自警団結成の情報は入っていたのではないか。大宮郷近辺の情報を伝えた者は、実際にはもっと詳細なことを伝えていたはずである。だから大宮郷自警団も田代に伝わったのではないか。

ここで第四章飯能・名栗地域に戻るが、武州世直し一揆の最終盤で、秩父郡に進入して来た一揆勢を崩壊させたのは、大宮郷自警団であった。その時田代栄助は一九歳であり、田代家は大宮郷の割名主を務めた家であった。

既述したように田代が自警団に参加していたか否かは確認できない。しかし、未曾有の大一揆を自警団が崩壊させたことを知らないはずがない。自警団組織の強さは田代が最もよく知っていただろう。田代は地元大宮郷が最早味方では無くなったことと、自警団の結成・行動の事実を知り、意欲を喪失したのではないだろうか。

自警団の影響に引き寄せ過ぎと言われるかも知れないが、もしこれが多少なりとも事実を含んでいたとしたら、困民党本軍を崩壊させたのは官側だけではなく、少なからず民側も大きかったのかも知れないのである。いずれにしても裏付けるような史料が欲しいところである。秩父事件の困民党軍と官憲側の動きは様々な研究や関連本で丁寧に言及されているが、各地の自警的な動きや自警団に関する研究は全く無いと言ってよい。

なお井上幸治氏も大宮郷自警団（井上氏は「自衛隊」と呼んでいる）の動きとその力に注目しているのは、大変烏滸がましい言い方で恐縮であるが慧眼であると言わざるを得ない。また自分がこの研究を始め、途中で知ったことだが、色川大吉氏も『集成』の月報で「村民自衛隊」に言及している。重要なので引用したい。

「鎌田警部の一一月五日の記録の中に「村民自衛隊」のことが出てくるが、これが「もう一つの秩父事件像」の構成要素だ。」と述べているのには驚いた。自分の地味な研究の大いなる励みになり、重い腰を押してもらった。

色川氏はさらに「村民自衛隊に関する記録は非常に多い。…中略…（村民自衛隊）は小鹿野町・大宮郷などで最も強く、一一月四日以降、困民軍を背後から攻撃している。」とも述べている。『秩父事件史料集成』という金字塔的な成果を残した両碩学が自警団に注目していたことは、本当に心強い。色川氏はこうも述べている「（村民自衛隊）に関するまともな研究は一つもない。」…。自分の稚拙な研究がこれに答えられるかどうかが気になるところである。

さて秩父事件はこれで終わりではなく、再編成された困民党軍は一路上州群馬へと向かう。群馬山中谷でも自警団は続々と結成され、事件の中唯一困民党軍と自警団の戦いが起こる。次章では群馬山中谷の動きを追ってみよう。

第六章　群馬山中谷

山中谷

秩父盆地から出て、他地域に出る場合はいくつかの経路がある。しかしどこの経路を選んでも、峠は越えなければならない。唯一峠ではないのが、荒川沿いに下り、皆野・長瀞を通って寄居に抜ける道である。このルートは現在国道一四〇号（秩父往還）と秩父鉄道が通り最も知られた経路である。他は東秩父・比企に抜ける粥新田・定峰峠ルート、飯能・名栗に抜ける妻坂・山伏峠ルート、児玉に抜ける出牛峠ルート、山梨へ抜ける雁坂峠ルート等がある。

秩父事件で一一月四日の本陣崩壊の時点では、それぞれの経路に軍隊・警察が配置されるとともに、比企・児玉・寄居・飯能名栗等では多数が参加し、しかも武装した自警団が待っていたのである。なお『山梨日日新聞』の記事によれば、山梨でも自警的な組織が結成されていた。記事を引用してみる。

『北巨摩郡長沢へ繰り出した本県警察官は、総勢およそ九〇名で、樫山に炊出所を設け、本陣とした。そして信州領分へおよそ一里ばかり進入して警固を行った。かつ近隣各村猟師・樵夫等屈強の者三〇〇名程募り、刀槍・猟銃等銘々所持する武器を携えて、警察官に加勢した。だからこの調子では「暴徒」がどのような形で進入しても、防ぐことは難しくないと思われる。』

(『集成』「山梨日日新聞」)

果たしてこの記事が事実なのかは確認できないが、事実だとすれば困民党軍が雁坂峠を越えて、山梨へ出ることも難しかったことがわかる。最早八方塞がりの状況で、唯一秩父脱出の可能性があったのが、群馬へ抜ける峠道であった。秩父から群馬へ抜ける峠は、志賀坂・矢久・土坂峠等限られてくる。峠を降りた所は山中谷(さんちゅうやつ)と呼ばれ、神流川沿いに点々と集落が続く、人口の少ない地域である。ここは他県でもあり、本当に山間部なので官側の警備体制も手薄であった。再編成困民党軍が包囲網を突破して、前進できる唯一のルートであったと言ってよい。山中谷は、現在でこそ国道四六二号・二九九号が整備され、比較的通り易くなった。しかし、一部の道路は車一台通れるだけという狭い場所も散在する。また藤岡から神流町万場方面に向かうと、下久保ダムを迂回するため、急カーブの連続であり、決して交通便利な所ではない。

今から一四〇年前の事件当時は、信州へ抜ける十石街道が通っていたとしても、簡単に通過できる場所ではなかったと思う。しかし、秩父と山中谷は峠を越えればすぐなので、江戸から明治時代にかけては、頻繁に交流がある場所であった。現在では埼玉・群馬と県で分けて地域を考えがちであるが、当時は地域によって分けるという意識はなかったと、調査を進めてゆく

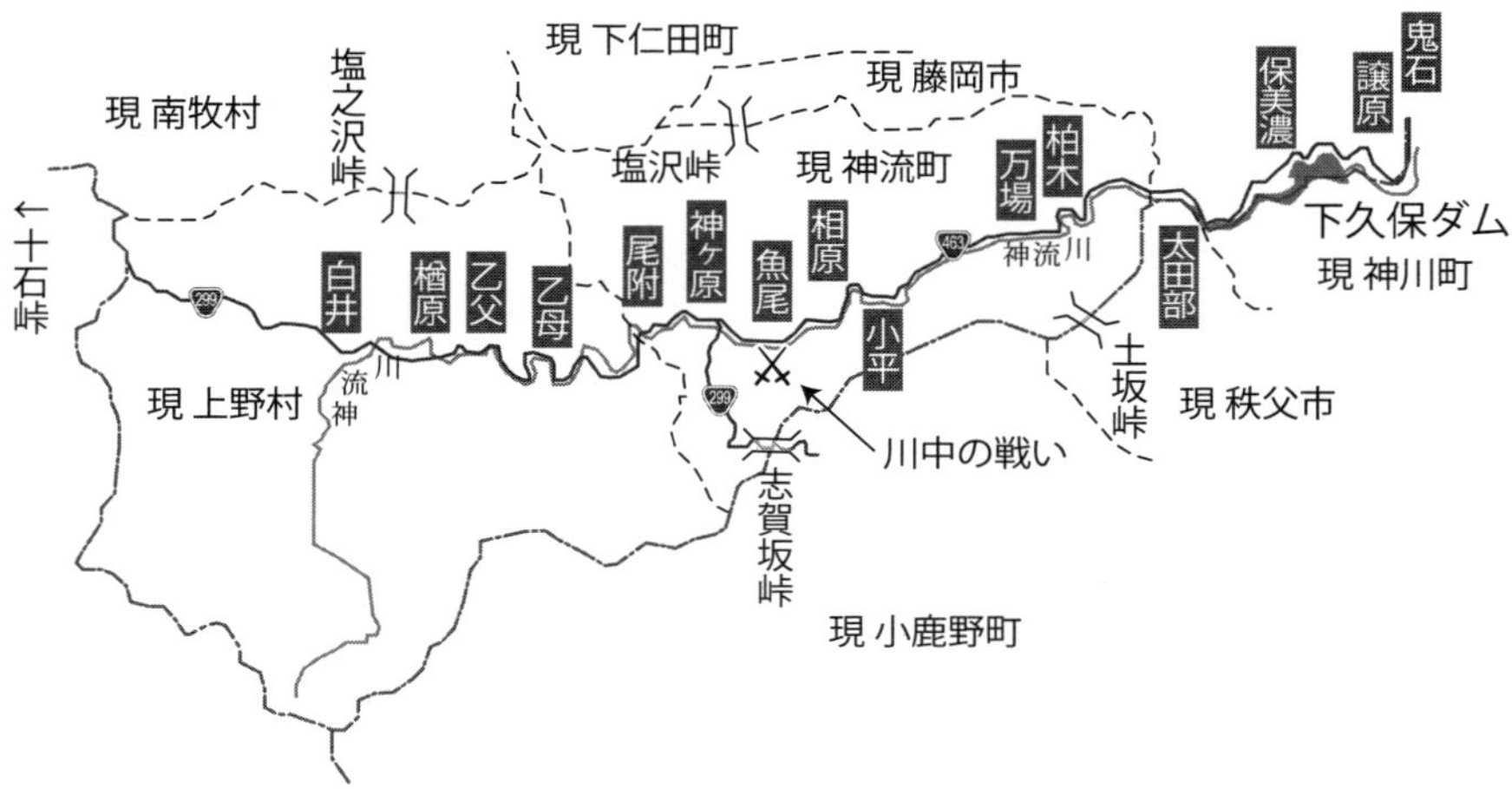

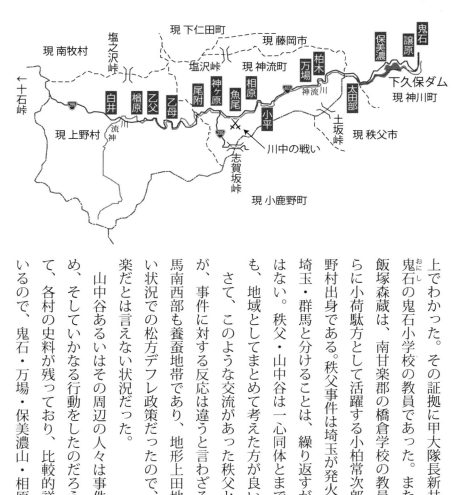

上でわかった。その証拠に甲大隊長新井周三郎は一時鬼石(おにし)の鬼石小学校の教員であった。また、乙大隊長の飯塚森蔵は、南甘楽郡の橋倉学校の教員であった。さらに小荷駄方として活躍する小柏常次郎は多胡郡上日野村出身である。秩父事件は埼玉が発火点ではあるが、埼玉・群馬と分けることは、繰り返すがそれほど意味はない。秩父・山中谷は一心同体とまでは行かなくても、地域としてまとめて考えた方が良い。

さて、このような交流があった秩父と山中谷であるが、事件に対する反応は違うと言わざるを得ない。群馬南西部も養蚕地帯であり、地形上田地も確保できない状況での松方デフレ政策だったので、生活は決して楽だとは言えない状況だった。

山中谷あるいはその周辺の人々は事件をどう受け止め、そしていかなる行動をしたのだろうか。幸いにして、各村の史料が残っており、比較的詳細に記されているので、鬼石・万場・保美濃山・相原・神ヶ原・乙母村等の事件当時の動きを追って見よう。なお各村は当時近隣と連合を形成していた。現在では、東から藤岡市鬼石・神流町・上野村となっている。

鬼石地域

鬼石地域は神流川の下流部に位置し、北側で藤岡市（合併前）と接し、東側で神流川を挟んで埼玉県児玉地域と接している。どこへ行くにしても交通の便が良い場所だと言える。

さて『鬼石町誌』には興味深い記述がある。それによれば群馬県自由党員名簿の中に、郡別の自由党員数が記してある。群馬県で党員が多いのは南甘楽・北甘楽で、全体の五〇％を占めている。さらに鬼石地域の町村別の党員を見ると、五一名が鬼石地域にいる。これは群馬県全体の二五％、関係する南甘楽・緑野両郡の実に七五％が鬼石に集中していることになる。つまり、この地域は群馬県自由民権運動の中心地だと言ってよい。

秩父事件の数か月前に起きた群馬事件は、蜂起人数が大幅に予想を下回り、言わば不発に終わっていた。群馬事件と秩父事件の関係を示す史料はないのだが、自由党員の多い鬼石地域が秩父事件と全く関係ないとは想像しにくい。しかし、鬼石は藤岡、さらには高崎に近く群馬県主要都市と近い、何か起きれば警察・軍隊は比較的早く動けたはずである。自由党員が多数いると言っても表立って動くことは簡単ではないはずである。動くとしても水面下で動くしかないのではなかったか。その証拠に、実は事件が起きる前夜に、藤岡から鬼石へ通ずる道路に、たくさんの石、材木等の障害物が置かれていた。この件について『集成』の群馬県関係文書に基づいて詳細を見てみる。

『一一月一日、午後藤岡警察署高山警部が巡査六七名を率いてやって来た。夜に入り郡の役人も四名出張して来た。しかし、事件に同調する者は密かに動いていたのだろう。同夜街の道路に材木・大石・巨縄等が置かれ通行を妨害したが、すぐに戸長等によって撤去された。

翌二日、警察官は徐々に追加されていった。そこで求めに応じて人夫を出し、対応の意気は上がった。「暴徒」は西南地域で活発であるとの情報を得たので、民衆は家財をまとめるなど、騒然としていた。しかし、大書記及び高崎営所から出兵があったことで、人々の心は落ち着いていった。この間、食料・人夫等の手配を行い、兵士・警察官にうまく対応したのは戸長真下光治の尽力のお陰である。浄法寺村用掛浦部喜代松が住民の中の主だった者に会い、村民に事件に参加、または付和雷同しないように説得したのが功を奏したのである。』

これは、事件対応に動く警察・軍隊の動きを妨害する意図ではないかと『町誌』は記している。困民党軍に対しての防御として行うなら、隠れてする必要はないからである。このことは誰が行ったかは、はっきりとは確認できないことであるが、見逃せない動きである。しかし、この動きも戸長等がすぐに止めてしまった。また公的機関の役人たちが、必死の説得工作の威力は大きく、鬼石から事件に呼応しようという動きは封じられた。だが、秩父と群馬南西部には自由民権運動の地下水は続いていたのではないだろうか。

万場地域

万場地域は山中谷の中心の一つである。現在は神流町万場となっており、役場等の行政機関があり、県立高校もある。当時は万場村連合を形成していた。史料は一部欠損しており、読みにくい部分もあるが、意味は通るので追ってみたい。

『一一月二日

埼玉県秩父郡で蜂起した「暴徒」が本郡（南甘楽郡）へ押寄せるという情報を受け、万場村連合五ヶ村（万場・生利（しょうり）・塩沢・麻生・柏木）の人民へ至急出頭するように戸長役場から通報した。それと同時に万場村の者二名を情報収集のため秩父に派遣した。万場・生利等の人民は生利村内の火納坂という場所に、…を為し。各村で入口に見…、夜一二時頃群馬県警警部大竹氏…名を率いて万場村へ出張して来た。

（右の史料には欠損部分があるが、その欠損部分が重要で、文脈からするとおそらく、「自警団的な組織」や「見張り番」等の言葉が入ると推測できる）

一一月三日
前日と同様な状況である。午前六時大竹氏は率いてきた巡査とともに、鬼石へ向け万場村出発した。なお、午後六時頃佐藤警部補（万場分署長）は、警部長の命令で巡査二名を残し、他の巡査を率い、下筋（鬼石方面か）へ向けて出発した。

一一月四日
小平村坂丸峠辺りで鬨の声が上がったので、「暴徒」かも知れないことだった。相原村連合戸長役場の連絡によれば、万場村黒沢信一郎等の他鉄砲を所持している者三〜四名とともに森戸村へ出張させ、防御場所を探らせ、その後早々に帰村させたので、充分警備の準備が出来たのである。』

さて、この史料から読み取れるのは、万場村連合の素早い警備の動きである。万場村は何と言っても地域の中心地で警察分署が置かれ、地域警備の拠点でもあったことが背景にあるだろう。そこに再編成された困民党が峠を降りて来たのである。

『一一月五日
午後一時頃秩父郡から「暴徒」二四名が青梨村へやって来た。そして食料一〇〇人分の炊出しを掛け合った。なお魚尾村へ向けて一〇六…との報告が、相原村連合戸長役場から万場村連合戸長役場へ伝わった。…連合村は万場村に集合し、鉄砲等を所持する者は斎藤作蔵宅へ。その他の武器を所持する者は御鉾学校の二手に集まった。警備の要の場所は万場村と黒田村の境、番屋尾根とし、防御の方法を決めた。この時指揮をとったのは、後藤巡査であった。
そこへ相原村連合用掛茂木千賀吉・新井浪吉の両人が来た。相原村連合の警備は熱心さが無く、非常に心もとない状況なので、万場村連合に助力を願いたい旨を述べた。ここから後森戸村の人々は万場村連合に加わる。しかし、相原村連合のうち、黒田村・舟子村・青梨村三ヶ村は、前日の戸長の報告と言い、実情と言い、人心は不穏の徴候があって、意見が合わず、両人は空しく帰って行った。

一一月六日
午前三時過ぎ、万場村へ向けて「暴徒」が来たという報告があった。…万場組総勢三〇〇人余りは以前に決めていた通り、番屋尾根、万場八幡社の近く、或いは森戸村等の諸方へ畳や材木を並べて弾除けとした。また裏手から攻撃されることを恐れて…木という要所にも警備を配置した。
そして午前七時頃、神ケ原村地内で「暴徒」と銃の撃ち合いが始まった。就いては万場村連合に助力を願うと魚尾(よのお)村から依頼されたので、壮健の者一二〇名程（鉄砲所持者五〇名）が、神ヶ原村内の平等岩（ヘイト岩）まで進んだ。この時相原村連合は山の上から攻撃し、万場村連合は道路から激しく攻撃した。

一二時頃になって、万場組の二番手（人数六〇名、用掛茂木玄内引率）が、後詰として繰り出して来た。この後神ヶ原村高橋禎次郎という者も来たが、「暴徒」は神ヶ原村に退いて一名もいなかった。ただ残っているのは「良民」だけであると言っていたが、魚尾・相原組の人々は信じているようだが、その言葉はまことに頼りないものであった。万場組は一先ず引き上げようとして一番手から引き返した。途中の小平村大井戸で後詰の二番手と遭遇し、一緒に引き上げることとなった。

万場八幡宮（万場地域の自警団の拠点）

万場地域の塩沢川（左岸に自警団陣地を築く）

この日「暴徒」は山中に逃げようとする者、或いは村へ進入しようとする者がいたが万場組で三名捕縛した。なお手を緩めずに、村境の警備を行った。』

五日から六日にかけて、困民党軍の情報が万場地域に本格的に流入して来た。万場地域は自警団を結成したが、（指導者は巡査であるが、軍隊・警察の影は見えず、実質的には自警団と言ってよい）自警団は地域でも一枚岩にはなれなかった。連合村ごとに事件に対する温度差があったからである。地元の方への聞き取りによれば、秩父と山中谷は一衣帯水の地域であり、地域交流も盛んであった。そのため、事件に呼応した者も少なくない。また呼応までとはいかなくとも事件に同調する人々もいたのである。

しかし、山中谷の人々にとっては、駆り出しや炊出し、資金の提供等を要求してくる困民党軍に対しては、やはり抵抗せざるを得なかったのである。埼玉県内では困民党軍と自警団の衝突、つまり民対民の武力衝突はかろうじて起きなかったが、山中谷では起きてしまう。それが、この史料に登場する「平等岩の戦い」通称「川中の戦い」である。戦い自体はすぐに終息し犠牲者等もでなかったが、これこそ「もう一つの秩父事件」を象徴する戦いである。戦いについては後で記したい。

『一一月七日

…頃、下筋から「暴徒」が来たという報告があった。すぐに警備に着手した。……柏木村に来た時は夜明け頃であった（残念ながら史料のこの部分は欠損が多く、正確には読み取れないが、要するに柏木村の自警団の人々を憲兵隊が困民党軍と誤認したのである）。そして戦いが始まり、村民の一名が死亡、一名が重傷を負ったのである（憲兵も自警団も浮足立っているのが手に取るようにわかる出来事である。山中谷もまさに混乱の極みであったのは間違いない）。（『集成』「万場町新井保重家文書」）』

右と同じ史料に「暴徒録」というものがあり、史料と重なる部分もあるが、自警団について更に詳しく記述しているので見てみよう。

『二日、南甘楽郡万場村連合戸長役場に於いて、人選を行い万場村黒澤定吉・斎藤政七の両名を秩父郡上吉田村へ偵察に派遣した。その間、連合村一戸につき一名ずつを出させ、「暴徒」の防御方法を決めた。その夜から各村の出口に一〇～二〇人を配置し警備を行った。

四日午後二時同郡相原村役場からの情報では、小平村坂丸峠で大勢が大声を発しているということで、「暴徒」の行為だろうということであった。そこで、二〇〇名余りの勢力を以て黒田村番屋尾根まで繰り出し、相原村へ三人の見張りを派遣した。それによれば、秩父郡藤倉村に強盗が来たというので山狩りをしたが、話は勘違いだとわかった。

万場村連合は一旦引き上げ、翌五日午後一時頃また、藤倉村から同郡青梨村へ二〇名程「暴徒」が来て、併せて同郡魚尾村へ一〇〇名余が乱入したとの情報が相原村役場からあった。それから万場村連合一同は万場村へ集合した。時刻は午後一一時頃であった。

連合中の人数は一戸一名で三五一人であり、これを三隊（四隊か）に分けた。第一隊は鉄砲隊、第二隊は万場・森戸両村の村民、第三隊が生利・塩沢村民であった。そして第四隊が麻生・柏木村民で、六日午前四時頃黒田村番屋尾根まで繰り出した。総勢は記した通り三五一人である。

陣を構え待っていたところ、「暴徒」は同郡神ヶ原村の川中へ陣を置き、六日午前五時頃、魚尾村・相原村連合と銃撃戦が始まった。しかし、「暴徒」は弾薬等が手薄な様子であるとの知らせが入り、加勢の要請が万場村連合に届いた。万場村連合は鉄砲四〇挺・抜刀組五〇人、都合九〇人で午前七時頃加勢に出陣し、川中で打ち合った。鉄砲の音は周囲に轟いた。その勢力に押され「暴徒」は撤退したので、加勢した人々は午前一一時頃に引き上げた（これは既述した「平等岩の戦い」であるが、開始時刻や参加人数等が微妙に違っている。これは先述した通り後程触れたい）。

七日午前三時頃、憲兵隊が一〇〇名程秩父郡太田部村を通り、南甘楽郡柏木村にやって来た。そこに柏木村の見張りの者が多数いたので、憲兵隊が怪しんで発砲した。突然の発砲に驚いた人々は、竹槍で憲兵隊に突撃したので、村民一名が殺され、一名が負傷した。その他捕まった者（史料は欠損）も多数いたのである（この部分も既述した柏木村の憲兵隊と自警団の衝突である）。

六日、引き続き歩兵一二〇名、警官一〇〇余名が午前一一時頃万場村に来た（欠損）。同郡乙母村連合まで一同繰り込んだ。その後警官巡査は（欠損）同夜、万場村から下仁田町まで山越えで向かい、同所で警備の手配を行った（欠損）。六日から七日にかけての戦闘で捕縛した「暴徒」は九名である（欠損）。』

この史料は後半部分に一部欠損が目立つが、前後関係の文章を推理すると、意味はとれるので出来るだけ推測して現代文に直したことを承知願いたい。

万場地域は、山中谷の中心地の一つであることは記した通りである。中心地の一つと言っても、高崎や藤岡等と比較したら、人口でも財政でもかなりの差があったと考える。しかし、ここで成立した自警団は三五〇名以上で、鉄砲が四〇挺、抜刀隊が五〇名という構成である。三五〇名は現在でも一声かけて簡単に集まる人数ではない。それと鉄砲の数、抜刀隊五〇名ということは、五〇振以上の刀剣があったということで、短時日に準備したにしては他地域同様に本当に驚かせる。これも他地域の自警団を論じた時に述べたことであるが、このような自警団結成の迅速な動きは背景に何かあると思ってしまう。これは最終章でもう一度考えてみたい。

保美濃山地域

保美濃山地域は現在、下久保ダムのダム湖の湖畔となっている。万場地域と鬼石地域の中間点にある山間地域である。秩父郡とは神流川を挟んで近接しており、事件当時の交流は盛んであったと考える。保美濃山地域も連合村を形成していて、近隣の譲原村・坂原村と保美濃山村連合と呼ばれていた。この連合村の動きも史料(『集成』「群馬県関係文書」)に残っているので、追ってみよう。

『当連合各村は、南部で秩父郡矢納村・石間村・上日野沢村等「暴徒」の巣窟の地に接し。わずかに神流川を隔てるだけである。北部では多胡郡上下日野村及び三波川村に接している。一一月一日午前六時頃、秩父郡の「暴徒」が石間村・矢納村の城峰山に集まり、それから手分けをして、各地域の戸長役場及び富家へ押し入って公証割印簿証書類、その他必要な書類を焼き捨てているという風説があり、すぐに戸長新井村二の指揮で、用掛新井治平・新井喜平治その他保美濃山村民新井文吾・黒沢又吉他一五名で戸長役場を厳重に警備した。二日、午前七時五〇分戸長から万場分署・郡役所及び鬼石派出所へ人を派遣し通報した。午後一二時、連合村内各伍長その他主だった者が集まり、今度の秩父郡の蜂起は、南甘楽郡から多胡郡までを包括し、国事犯に該当する挙動かも知れない。これを困民党の集合だと誤って、考えなしに加わるとすぐに後悔することになるのはもちろんである。だから、心得違いの者が出ないように、伍長等が村民を監視し、外出を禁止させよ。止むを得ず外出する場合は、役人及び伍長の承諾がなければ許可しない。かつ、事件対処の人夫として出向する者でも、戸長役場から旅行券を受けるということを戸長は村民に約束させた。同日万場村から巡査二名、六時頃鬼石町から巡査四名、特務巡査二名がやって来た。』

保美濃山村連合では、秩父郡の直近ということで、緊迫した動きが続いていた。ここでは困民党軍が直接来たわけではないので、自警団結成という動きではなく、困民党軍に参加させないという村役人の必死の説諭工作があった。この史料で興味深いのは「国事犯」と「困民党」を同一視していないことである。「国事犯」を重罪と見ているのに対し、困民党はそうではないように捉えているのが、当初の状況だったのかも知れない。続いて後半部分を見てみよう。

『同二日、午前二時頃鬼石町に出張していた緑埜郡多胡郡書記からの使いで、保美濃山村連合村民は「暴徒」に呼応しないように説得せよという通達があった。更に矢納村・石間村の状況も併せて報告された。一〇時頃、本県警官三四名が到着した。次いで緑埜郡多胡郡の役人二名が来た。午後四時頃、警官は保美濃山村を出発し、用掛新井治平の案内で矢納村鳥羽へ着いた。なお鬼石町出発の警官は、児玉郡太駄村を経由して鳥羽で会うことになった。その後保美濃山村へ引き上げ、一〇時頃警官の過半数が万場村へ行った。三日正午一二時警官は鬼石町へ引き上げた。

四日午前一時、警官が出張して来、四手に分かれ保美濃山村で猟銃を所持している人夫を引率し、一手は秩父郡金沢村へ、一手は太田部村へ、更に一手は矢納村を経由し太田部村に行った。最後の一手は矢納村柚木に向かった。戸長新井村二、筆生金沢常太郎及び人夫四名で案内をした。

ここで、連合村民一同は銘々に武器を携え、村境で警備の準備をし、かつ戸長役場も警備した。午前六時三〇分、大竹警部率いる巡査一二名及び銃砲等武器を携行する者一五名が秩父郡上日野沢村で「暴徒」と遭遇し、発砲した。それで「暴徒」は退却したが、なお大勢で再度来襲する気配があったので、一度保美濃山へ引き上げた。坂原村から人夫一八人が来て、戸長役場の警備を行った。

四日午後二時一〇分頃、「暴徒」は矢納村鳥羽へ押し入り、法螺貝を吹き鬨の声を上げた。次いで譲原（ゆずりはら）村境、神流川手つり橋際まで押し寄せて来、譲原村へ乱入する勢いであった。それで、譲原村及び保美濃山村民は驚愕し、高齢者・子どもは山へ逃げた。しかし、鬼石町・保美濃山村の警備が厳重なのがわかると、矢納村から人夫を駆り出し、一旦下吉田まで引き上げた。

五日正午一二時頃、警官一〇〇名余及び鎮台兵が鬼石町を出発し、万場村へ向かうとの情報があり、村民は少し安堵し、山へ逃げていた高齢者・子どもは帰ることが出来た。

六日午前九時、警官四〇名程三沢郡書記の案内でやって来て、保美濃山村で昼食をとり、すぐに同村と譲原村の人夫を率いて、矢納村・石間村を経由して、太田部村へ到着し一泊した。人夫は翌七日には用済みになり、万場へ帰った。

七日午前九時頃、鎮台兵が鬼石から万場村へ向かった。次いで埼玉県巡査及び憲兵が捕縛した「暴徒」一二一名を連れ、昼食をとり鬼石町を経由し、児玉郡八幡山町へ引き上げた。

九日「暴徒」はほとんど鎮圧されたとの情報があり、警備を解き日常生活に戻った。

保美濃山村連合は「暴徒」と近接の土地で、かつ警官の出入りが多く、村民が戦々恐々としていたが、村民を説得し、警官等の食料供給を怠らなかったのは、戸長新井村二の尽力である。ゆえに「暴徒」は保美濃山村に押し寄せようとしたが、戸長は官側のみに味方したので、彼を捕まえ巡査を退けて、戸長宅を焼き払うと言い触らしたのであった。』

以上が保美濃山村連合の状況である。この地域は既述した通り、困民党軍が直接来なかったため、当初は村民に事件に参加することのないように説得工作から始まった。しかし、様々な情報が飛び交う中で、自警団が形成され、村の警備が厳重になっていった。万場村連合等困民党軍に進入された地域と少し異なるのは、万場村連合等は各連合村で微妙な温度差が見受けられるが、保美濃山村連合は比較的一枚岩で動いているのがわかる。史料では戸長新井村二の指導力を賞賛している。

しかし、コラムの「新田騒擾事件と人見山騒擾事件」でも触れたように、保美濃山でも類似のことが起きていたので、地域ごとの事件に対する意識はそう大きく変わらないと考えるが、困民党軍の躊躇等を見ると、自警団や警備体制は官側の動きと相まって統制のとれた強力なものであったのだろう。

相原地域

相原村は万場地域のすぐ西にあり、そのまま西へ進めば、魚尾村・神ヶ原村である。また再編成困民党軍は付近の矢久峠から降って来たのである。相原地域も付近の青梨村・小平村・森戸村・舩子村・黒田村と相原村連合を形成していた。この地域も史料（『集成』「群馬県関係文書」）に記録されているので、追って見よう。

『一一月二日午後一時頃、郡役所及び万場分署から秩父郡「暴徒」が本郡へ進入する可能性があるので、それぞれ防御に注意を払ってくれという通知があった。それを受けて、連合村へ戸長役場から急な通達があった。内容は郡の役人の巡回と警備の方法であった。警備はまず秩父郡に接続する山の道路に警備人足を配置し、昼夜各所に見張所を設けることだった。「暴徒」の勢いは極めて盛んであると言うことなので、万場村連合と協力し防御することを相談したが、受け入れられなかったので、大いに奮起し、独立して防御する意思を固めた。

五日正午頃、「暴徒」は白旗二本を押し立て、法螺貝を鳴らし、鬨の声を上げ一四〇～五〇名で、青梨村矢久峠から進入するのを確認した。そのうち魚尾村から通知があり、「暴徒」のうち三四名が同村へ宿泊しているとの情報を得たので、すぐに数名で進撃し、魚尾村と合議し、同村黒沢栄吉宅で「暴徒」三名を捕縛した。

当連合及び魚尾村民は追々応援に加わり、午前七時三〇分頃、神ヶ原川中を防御地点と定め、なお三名の「暴徒」を捕縛した。その後およそ七〇余名の「暴徒」が白鉢巻・白襷を目標として、鬨の声を上げ白旗を振って進入して来た。この間しばらく銃砲の撃ち合いとなった。しかし、万場村連合の加勢もあって、自警団側の勢いが増したので、「暴徒」側は撤退した。この戦いで捕虜にした者は一二名、刀七振・銃砲三挺・短銃一挺を戦利品とした。

この時秩父郡藤倉村から数十名の応援が来たが、時期を逸したので引き返して行った。同夜川中の要害を厳重に警備する。

七日早朝、再度会議して神ヶ原まで進んだ。一〇時頃憲兵が到着して新羽村まで進んだ。「暴徒」は既に信州へ進んだということなので、一同は引き返した後、事後処理をしたのである。』

相原村連合は、困民党軍と直に接したので、当事者意識が強い。ここで不思議なのが、困民党軍の防御にあたり、万場村連合と協力するはずだが、出来なかったことである。この件に関して万場村連合の別の史料（『集成』「群馬県関係文書」）にはこう記してある。

『相原村連合から当連合へ合併して防御することを望まれたが、人心が不穏という風聞があり、熱心な会議でも終に疑いが晴れなかった。それによって万場村連合も相原村連合も独立して防御することとなった。』

要するに、相原村連合内で困民党軍に呼応するような動きがあることを、万場村連合が察知したのだろう。確かに地元の方の話によれば、山中谷では万場を境に西側の方が自由党員や困民党に同調する人々が多かったという。窮地の連合村どうしが一致できない背景に不穏な動きがあったことは、嘘だとは言いきれない可能性がある。

また、右の史料にはこのような記述もある。

『推考したところ、「暴徒」が本郡東部へ進入しなかったのは、万場村連合の自警団の強さを知っていたからではないか。』

困民党軍は信州を目指した。それは新総理菊池貫平の出身地であり、地の利や縁故もあるので理由は痛いほどわかるが、藤岡・高崎付近は岩鼻に軍事施設等もあり、味方が増え、連動して蜂起が起きれば、そちらに向かった可能性も無くはないだろう。困民党軍は万場村連合が山中谷の中心であり、人口も比較的多く、公的機関もあることを見切っていたのだろう。

神ヶ原地域

神ヶ原（かがはら）村は、現在神流町の最西部に位置している。埼玉県から行くと小鹿野町を西に進み、志賀坂峠を越えて群馬県側に降りた場所が神ヶ原である。神ヶ原村は事件当時、魚尾村・平原村・尾附村と神ヶ原村連合を形成していた。これも史料（『集成』「群馬県関係文書」）に沿って当時の動きを見てみよう。

『魚尾村では、一一月五日一二時頃、秩父郡「暴徒」が藤倉村から矢久峠を越え、およそ一四〇名で押し寄せ、魚尾村坊という場所で勢揃いして、昼食を出させた。「暴徒」の行為は許せないものの微力であったため、やむを得ず一戸一名の人足を強制された。』

この後の記述は、「暴徒」三名を相原村連合の人々と協力して捕縛し、その後川中の戦いへと続いて行く。要するに相原村連合の記述とほぼ重なる内容である。ただ気になるのは最後の記述である。最後のところにこう記してある。

『神ヶ原村では、五日夜「暴徒」が宿泊するところになったが、神ヶ原・平原・尾附三ヶ村

神平尾小学校跡（困民党軍の宿泊場所）

とも特段に防御に尽力があったとは聞いていない。』

困民党軍が宿泊したのは、神ヶ原村の神平尾小学校である。この学校は戸長黒沢円造の敷地に開校していた。黒沢円造は困民党軍が通過している時に、実は上京していて不在だったのである。最も肝心な時に戸長不在というのは偶然にしても余りに不可思議である。これから記す乙母村連合戸長茂木要次郎も困民党軍通過中は出張していた。困民党軍と山中谷西部の人々の、民権運動的なつながりを直接証明できるものはないが、右史料の最後の記述はそれを伺わせるような含みを持っている。

乙母地域

乙母（おとも）村は、山中谷の西部に位置している。鬼石方面から車で行くと現在でもかなり時間を要する地域である。乙母村を更に西に進めば、乙父村を経て信州との境である十石峠に至る。乙母村も近隣の新羽（にっぱ）村・楢原村・川和村・乙父（おっち）村・野栗沢村・勝山村と連合を形成していた。

乙母村連合の動きも史料（『集成』「群馬県関係文書」）が残っているので、追ってみよう。但し、万場・相原・神ヶ原地域と重複する記述があるので、一部抜粋で述べたい。

『一一月二日、武州秩父郡吉田村周辺で「暴徒」が蜂起し、各村で警戒することはもちろん、人民が参加することの無いようにすること。かつ、秩父郡境の峠を厳重に固めるように。翌三日、連合村の人々は武器を携行し、要所を固めた。

五日午前一一時「暴徒」が秩父郡藤倉村から南甘楽郡魚尾村へ数百人やって来たので、戸長役場では書類を片付けた。「暴徒」の動きについて戸長は、「暴徒」は既に神ヶ原村に宿泊しているという情報で、程無く同地から三人が使者として来た。今、藤倉村から「暴徒」およそ五〇〇名が青梨村・魚尾村へ進入して来た。その後、鉄砲・槍刀、それぞれ武器を携え、一五〇人が神ヶ原へ押寄せ、一戸一名を出すように要請してきた。もし応じないならば、焼き払うことが伝えられた。

乙母村連合各戸一名、鉄砲等武器を携行する要請の返答をすぐに迫ってきた。もし応じられないようならばすぐに押し寄せるということであった。戸長茂木要次郎はすぐには返答できないことを伝えた。その後用掛その他村役人を呼び集め、警備に尽力するように申しつけた。

そして戸長茂木と用掛黒沢嘉三郎は一緒に、急変を県に伝えるため出発し、途中北甘楽郡下仁田分署へ出向き、状況を報告した後、八日に帰村したが、「暴徒」は既に連合村を通過し、信州へ行った後だった。

群馬県山縣警部が巡査を率いて、南甘楽郡書記三沢重礼とともに出張して来た。同日鎮台兵は勝山村、警官は楢原村に宿泊した。憲兵と埼玉県巡査は出張して信州へ行く者、また信州から来る者もあってその慌ただしさは言葉に尽くせない。とにかく人足や賄い等全て滞りがないように手配したのは、戸長茂木要次郎等の貢献が大きい。

「暴徒」は既に信州馬流村で戦いに敗れ、そこからの逃亡者があるので、乙母村連合では山谷、山道等で見張りを置いて、村民によって捕縛された「暴徒」は三〇名余りだった。

楢原村用掛黒沢嘉三郎は、「暴徒」によって家を焼かれた上、金九五円を強奪され、実に憐れである。別紙本人から差し出された書類にそれは記載されている。「暴徒」の脅迫によって止むを得ず乙母村、楢原村白井で焚き出しを行った。また、槍刀等奪われた者が三名いた。

乙母村用掛今井源十郎は役場の書類を取りまとめ保護し、戸長役場は戸を締めておいた。「暴徒」は役場戸締まりを押し開け、源十郎の妻を脅迫した。乙母村の今井善四郎は、これを見るに忍びず、取りあえず駆けつけたところ、「暴徒」は巡査風の者を縛って連れて来た。用掛今井源十郎とともに、助命を「暴徒」の指導者に再三申し入れたので、一応承諾したが、色々と話合っている最中に、騒ぎに紛れて引立てられてしまった。かつ、憲兵が信州へ出張する際に、今井善四郎が荷物の運送を取り仕切った。

そこへ、信州大日向村で、埼玉県御用掛関根与三郎・南甘楽郡役所池田先龍から、前川巡査が上信国境の峠で殺害され、死体を棺に入れ、群馬県警察官に引き渡したいということであった。その際に警官宛ての御用状を渡されたので、棺桶を作り持って来て、死体を掘り始めたが、本県巡査正木登三が人夫を引きつれ出張して来た。池田先龍から受け取った御用状を渡し、ともに死体を掘ったが、持参した棺桶の大きさと死体が合わず、不用になったので止むを得ず筵俵を求め、人足を手配し下仁田まで護送するよう周旋尽力した。今井善四郎が差し出した書面に詳細が記してある。』

さて、乙母村連合でも事件の一報を知ると、すぐに秩父郡境の峠の警備を固めるなどしたのがわかる。しかし、ここでも不思議なのは困民党軍が信州へ向かって同連合村内を通過中という危急存亡の時に、戸長茂木要次郎と楢原村用掛黒沢嘉三郎が県への情勢報告のため、村を空けていることである。彼等が戻ったのは八日で困民党軍は既に信州へ行っていたのである。先述した神ヶ原村連合戸長黒沢円造といい山中谷の連合村幹部は、事件に対して、決して一筋縄では行かない関係を考えさせる。

それと乙母村連合で困民党軍は戸長役場の今井源十郎宅を襲い、妻を脅迫している。今井家は現在もあり、家中の柱には、困民党軍によって傷つけられた跡が残る。また黒沢嘉三郎宅が放火されていることの事情ははっきりとわからないが、地元の方によれば困民党軍だけの考えではないのではないかと言われていた。

もう一つ触れておきたいのが、戸長茂木要次郎の報告である。これには他の連合村報告にはない興味深い事実があるので、史料（『集成』「群馬県関係文書」）を追ってみよう。長いので一部を抜粋して記したい。

『明治一七年九月頃から、埼玉県秩父郡で自由党員・貧民等が寄せ集まり不穏な様子という風聞があった。加えて本郡でも貧民で呼応する者がでた。九月三〇日夜、楢原村・乙父村・乙母村・川和村・勝山村・新羽村・尾附（おづく）村・平原村・神ヶ原村に火札が数十枚貼られ、その札に借金のある者は一〇月一日に野栗峠に来るように、そうしなければ焼き打ちをかけると記されていた。

当連合では各村から張り札五札八枚が持参され、郡役所・万場分署に届けた。加えて巡査を派遣することをお願いしたが、人数がいないとのことだった。良民はこれを心配し、火の番を厳重にせよと申しつけた。

中略　一一月二日、秩父郡吉田村周辺に「暴徒」が蜂起し、官吏を攻撃したとの情報が、郡役所から伝達された。翌三日連合村へ伝え、秩父郡に近接する新羽村内の野栗峠へ、猟銃及び武器を携行させた六〇名を差し出し、要害の場所を選び見張りを置き、各村にも置いた。更に合図を決め、合図が発せられた時、鉄砲はもちろん、武器を携行し駆けつけるようにして、連合村内に「暴徒」が進入しないように連絡した。なお万場分署に巡査の出張を懇願し

十石峠への入口白井地区

たが、無理であった。

そして、楢原村白井の黒沢恒七郎という者から報告があった。それによれば、三日白井から信州通路峠（十石峠か）の字ハキ沢炭焼小屋に、信州南佐久郡北相木村自由党員八名が長刀を所持して滞在しているとのことであった。至急白井へ見張りの手配を申しつけた。聞くところでは信州・武州両国の自由党員が互いに申し合わせて行動しようという盟約があるとのことで、危険極まりなく捨て置けないので、またまた万場分署及び郡役所に報告した。その上で例え一名でも巡査を派遣してもらえるように只管懇願した。郡役人の三澤重礼から佐藤警部に連絡が来て、巡査は一名も派遣できないという返答だった。

その後三澤から巡査が来るまでに自由党員を捕まえれば、充分手当があるとの書面が届いた。そこで当連合内を二手に分け、一隊は秩父方面、一隊は信州方面通路に置き、見張りを厳重にした。

三日午後一〇時頃、信州北相木村高見澤庄蔵・山口城跡の両名が当戸長役場に来て、高見澤薫他七名の者が凶器を持って飛び出し、誰と手を組んでしまうのか誠に心得違いをしているので、ぜひとも連れ戻したいと言ってきた。もし戻らないということならば、凶器だけでも奪取したいということだが、何分顔見知りではないので難しいが、各村の見張り所へ内容を伝えた。両名が言うことには今後通過するようなことがあれば差し止めて欲しいと言って立ち去って行った。』

この史料で興味深いのは、乙母村連合では、九月頃から秩父郡で不穏な動きがあることが伝わって来ており、九月下旬には何者かによって、借金を抱える者に行動を促すような火札が広範囲で貼られたことであった。これは誰によって貼られたのかは知る史料はないが、秩父郡からやって来てわざわざこのようなことをするのは難しい。人口が少ない当時他所から入って来た者が不審な行動をすれば、即座にわかってしまうだろう。推測の域を出ないが、連合村内に事件に呼応する者、或いは同調する者がいたのかも知れない。いずれにしても事件の前兆的な動きとして注目される。それともう一つ興味深いのは、連合村がどんなに働きかけても警察等が動かないことである。史料を読む限りでは、人数が足りず動けなかったという方が正解だろう。自警団や自警的な動きが山中谷でも発生するのは、官憲側に頼れない切羽詰った情勢も大きいだろう。

さて史料はこの後も続く、四日になると困民党軍がついに藤倉村から魚尾・青梨村へ入ったとの情報が届き、緊迫感は倍増し、自警団は更に警備を厳重にする。やがて、困民党軍は神ヶ原村へ来て、駆り出し等を行い、その要求が乙母村連合にも届く。戸長茂木要次郎はすぐに返答を要求されたが、返答せずに各村の重役に相談をもちかけるのである。重役たちは一〇名以上が集まり相談し、時間が迫る中で一同は防戦に賛成するのである。そして自警団の人足を督促したところ、六日午前六時三〇分頃漸く二〇〇名程の自警団が集まった。

ここからは再度史料を追ってみよう。

『戸長茂木要次郎は、自警団に説明した。兼ねて伍長から連絡があった通り、今度の事件は以前の辰年の打ちこわしと違い、「暴徒」は官兵に敵対するので朝敵である。これに一歩でも追随することは許されず罪科は逃れられない。それでも「暴徒」の強迫により、万一追随するようなことがあれば、軍隊の銃に命を散らすことは必定である。また「暴徒」に従わずに焼き討ちをされても、必死で防戦するしかない。たとえ「暴徒」がどのように強力であっても峻嶮な山で要害を守り抜けば必ず喰い止められる。

このような危険に挑み、万一敗れるようなことがあれば、老弱童女は早く逃げるべきである。生命には替えられないので、財産はないものと覚悟すべきと申し聞かせた。

そして防戦に賛成する者は東に分かれ、逃げる者は西に分かれるよう申し聞かせたが、およそ半々の人数で、はっきりと決まらなかった。そのうち「暴徒」が押し寄せる様子で、人々は右往左往していた。防戦の決定が決まらずにいたところ、新羽村は「暴徒」が進入する入口なのですぐに放火されるかも知れない。同村民は心配して、村に引き上げて決定したいということで、退いていく者が多かった。「暴徒」は総勢八〇〇人だという。当方には、助ける勢いはなく、民心は委縮し戦う状況ではなく、無念であるが、どうしようもない。

その後用掛今井源十郎に役場書類の警護をさせ、今井善四郎も臨時の書類警護役をさせることにし、戸長茂木は用掛黒沢嘉三郎を同道して、本県県庁に行き、訴える以外に打開できないと考え、同日午前九時半に出発した。』

この後戸長茂木と用掛黒沢は県庁へ向けて出発したが、途中の下仁田町周辺で県令や県警等に実情を報告し、援助を要請し、八日には帰村している。しかし、八日には困民党軍は信州へ抜けていた。何度も記すようにやむを得ぬ事情があるにせよ、連合村の幹部が困民党軍通過中という最大の危機に不在というのは、どうしても引っ掛かる。

九日以降は、鎮台兵・憲兵隊・警官隊等が続々と山中谷に入って来る。困民党軍の残党狩りが始まるのである。残党の中には乙母村連合の村民もいたという。

さて史料の後半には、乙母村連合の緊迫した様子と村民の動揺が手に取るように伝わって来る。戸長茂木は当初こそ自警団により守り切ることが出来ると述べているが、徐々に自信を喪失してくる。攻める困民党軍も必死であれば、守る連合村もまた生命をかけていたのである。村内も防戦か逃亡かで激しく揺れており、収拾がつかない状況を打開するために茂木等は村を出たことになっているが、先述したように彼等の真意はわからない。

それとこの史料後半の注目点は冒頭部分である。戸長茂木が自警団として召集された伍長等に対する説明で、「今回の事件は、過去の辰年の打ちこわしとは違い、「暴徒」が政府の軍隊・警察に敵対しているので、これは朝敵である」と述べていることである。要するに今度の秩父事件は以前の打ちこわしとは違うとはっきり言っている。この打ちこわしがどれを指すのか確証がないが（地元の方の話では、一七年前〔一八六八年〕に山中騒動と呼ばれる幕末うちこわし騒動が付近であったという）、とにかく以前の騒動は、幕府や政府に敵対したものではなかったが、今度の事件は質も次元も違うものだと捉えている。

秩父事件は、既述した通り江戸時代からの伝統を受け継ぐ負債農民騒擾か、それとも自由民権運動なのかという論点があるが、民衆を代表する戸長レベルでは、農民騒擾や一揆とは一線を画すものだという認識があった。そのポイントは政府に敵対するかどうかなのであった。秩父事件に対して、周囲ではこのように捉えられていたことを知るべきである。

川中の戦い

最後に困民党軍と山中谷の自警団が戦った「川中の戦い」をもう少し見てみたい。それは何と言っても事件の中で、困民党軍＝民と自警団＝民が戦った最初で最後の戦いだったからである。川中の戦いは史料の中で何度も触れたように困民党軍と相原村連合・魚尾村自警団の戦いである。そこは間違いないのであるが、目的がはっきりしない。相原・魚尾側は進入して来た困民党軍が、万場地域等の山中谷中心部に到達することを防ぐためであろう。一方困民党軍は、万場地域や藤岡等に進撃するつもりだったのか、それとも自警団に捕まった困民党軍三名の奪還することが主眼だったのかという点である。何とも言えないが地元の方の話や様々な史料を見ると、困民党軍は東部へ出ることは難しいという認識があったのだろう。その理由は先述した通りである。困民党軍が加えて言えば東部進撃を考えていたならば、万場地域を東側にはずして出る方法もあったはずである。困民党軍がその道を選択しなかったのは、やはり西部を抜けて信州へというルートが頭にあったはずである。万場地域以東の警備が手薄であったならば東へのルートもあったのかも知れない。逆に

現在の川中地区

話を戻すが、困民党軍側の戦いの目的は、逮捕者の奪還等であったのだろう。つまり本格的な交戦というよりも偶発的なものだと言えよう。また交戦開始時間も史料によって違う。早いものでは六日午前五時からというものがある。交戦時間も三〇分から一時間以上までである。しかし、『集成』や各『町村史』、そして聞き取りの結果を総合すると、開始時間は朝七時前後で、交戦時間は一時間以内だと考える。更に死傷者もいないことからお互いに手加減した可能性もある。ただ困民党側には九〜

一〇名の逮捕者が出たのである。

　事件中唯一と言ってよい、困民党軍と自警団の戦いはあっけなく終わったが、これが埼玉県側で行われたとしたらどうだったたであろうか。埼玉県では何度も記したように、秩父郡を半分取り囲むように、大勢の自警団が形成されており、皆ある程度武装していたのである。平野部に出て埼玉県庁等を目指した困民党軍は、軍隊・警察に圧倒される前に、自警団に潰されていた可能性が限りなく高かったと言わざるを得ないのである。これも最終章「自警団の系譜」で再考してみたい。

再び山中谷

　山中谷の動きをまとめてみたい。秩父郡と一衣帯水の地域である群馬県南西部山間地域、通称山中谷と秩父事件の関係は非常に複雑で、これで一冊の本が書ける程である。それはこの地域が古くから秩父郡と深い交流があることが大きい。また、秩父は自由党員が多く、独自の困民党まで結成したが、群馬県南西部も党員が非常に多い。生活の交流だけでなく、政治的な交流もあったことは確実である。そして山中谷も秩父同様山間地域であり、決して裕福な状態ではなかった。つまり、高い峠で隔てられてはいるが、生活や思想・意識で共通の土台があったのではないか。顔見知りも多かったはずである。このように県を越える共通意識があった中で起きたのが秩父事件であった。山中谷の村民も決して他人事ではなかったと思う。史料で見た各連合村及び戸長等の一筋縄ではいかない動きはそのことを象徴している。地元の方によれば、困民党軍の駆り出しに応じた連合村民も少なからずいて、中には十石峠を越えて信州佐久まで遠征した村民もいたそうである。だが、多くは駆り出しには応じたが、途中で引返したり、遣り過したりしたという。これは自警団には加わらなかった村民達のぎりぎりの行動であったのだろう。困民党軍に同情はしても、村役人に脅しのように刷り込まれた「朝敵」や「暴徒」に自分から跳躍することは出来なかったのである。一方、駆り出しに一縷の望みをかけた困民党軍は、破滅に向かって信州へと進むのである。

白井地区の十石峠入口

再編成困民党軍の遠征先信州での自警団については、今後の課題としたいが、参考までに少しだけ触れて置きたい。長野県南佐久郡小海町の教育委員会及び文化財調査委員会が『佐久からみた秩父事件』という小冊子を発行している。著者は井出正義氏であり、長野県に入った後の困民党軍の動きがコンパクトにまとめられている。そこに「地元諸村の対応」という項目があり、長野県の自警団に触れている。一部引用してみよう。

『一一月七日　穂積村戸長井出要蔵は、八日午前一時まで館にいて、西の反の警官と連絡、情報把握に努める。黒沢家では、黒沢佐左衛門・陸之助が同行し、下男と黒沢和市の二人を警察官へ伺いに出している。海瀬村では、刀や棒を持って、大落沢に数百人集まって、篝火を焚いて、官民一帯で防ごうとした。

高野町では、郡書記鷹野斉が来て、西の反で防ぐから至急村民を差出すようにと命令した。警察からの訓令で、飛び道具や刃物をもって撃退してはならないと通知があって引き上げた。海瀬村では書類を繭立袋にやたら押し込んで封印をして、民家の土蔵に隠した。

一一月八日　穂積村戸長井出要蔵は朝、初の窪尾根へ上がって「暴徒」が親沢方面に行かず、ダイラ溜池に押し出したのを確認して、筆生以下四人に付和雷同することがないよう、村民に触れさせ、自分は郡役所へ通報しようと海瀬方面に下った。』

この史料を見る限りにおいて、長野県でも困民党軍は、「暴徒」扱いだったことがわかる。再編成困民党軍が蜂起当初に比べ少人数だったことと、行動範囲が佐久中心で狭かったこともあり、自警団もこの程度だったのだろう。これがもし、数千という単位で進入して来たとしたら、埼玉や群馬のような本格的な自警団が結成されていたことは想像に難くない。

【コラム　群馬事件】

秩父事件と群馬について記述してきたが、ここにおいてどうしても避けて通れないのが、秩父事件と同年に起きた群馬事件である。群馬事件は、秩父事件と比較して、まとまった本や史料が少ない。事件自体も秩父と比べて小規模で、しかもあっと言う間に終了してしまう。秩父事件とのつながりを考えるのは困難であるが、埼玉と群馬という隣接県で、自由党員も両県で多いことから全く関係がないと言う方が無理である。群馬事件を知ることは決して無駄ではない。なお群馬事件は秩父事件と比べまとまった本が少ないので、コラムとしては長くなってしまうが、『群馬県史』に沿って概要を見てみよう。

群馬事件は、秩父事件に先んずる一八八四（明治一七）年五月に起こった。事件は当初、五月一日の上野・高崎間を結ぶ高崎線（中山道鉄道）の開通式が高崎駅で行われるにあたり、来賓として来る天皇を始めとする政府高官を襲撃し、政府を転覆しようという計画であった。ところが、開通式の延期が繰り返された結果、襲撃計画は変更された。すなわち五月一五日を期して妙義山麓の陣場ヶ原に結集し、高崎鎮台（東京鎮台高崎分営）や前橋・富岡等の警察署を襲撃することとなったのである。事件の指導者は自由党員である小林安兵衛・三浦桃之助・湯浅理兵・野中弥八等であった。

小林・三浦・湯浅・野中の四人は埼玉県児玉郡の上野文平家で計画を立案した。児玉郡と群馬県南西部は利根川・神流川を挟んですぐであるが、彼等が隣県で計画を立てたのは、計画の漏洩を恐れたからであろうか。

その後四人は参加動員や資金・武器の調達のために具体的な行動に移る。まず三浦は南甘楽郡や埼玉の党員を集めるため、秩父を目指す。残りの小林等は、碓氷郡の博徒山田平十郎から武器調達の連絡を受け、山田に会いに向かう。山田は猟銃四〇〇挺・刀剣二〇〇本を準備したという。小林等は山田に農民の動員も期待し、五〇〇〜六〇〇人の召集を見積もっていた。しかし、山田は不在だったという。

平行して軍資金確保の動きもあった。小林等は多胡郡上・下日野村で自由党員新井太六郎を立て、強盗未遂事件を起こす。このように事件は群馬県南西部から埼玉県北部を巻き込む形で展開するが、一五日の蜂起直前であわただしく準備・行動していることをみると、秩父事件と比較して明らかな準備不足の感が否めない。群馬事件があっけなく終息してしまうのもこの点に原因があると考える。

引き続き事件を追って見よう。湯浅理兵（北甘楽郡内匠村戸長）は、三月に村民からの租税六〇円余りを郡役所に納付せず窃取した。また小林等も軍資金調達のために、北甘楽郡相野田村戸長宅や多胡郡上・下日野村で強盗等を実行した。また武器の調達は先述した通り、山田平十郎が用意した。山田の子分が新井太六郎で彼も博徒であった。秩父事件もそうであるが地域に居住していた博徒が大きな働きをしていたのである。博徒と自由民権運動については長谷川昇氏の古典的な研究があるので詳述しないが、国文学者で法政大教授を務めた松田修氏の研究を見ると、当時の博徒と現代のいわゆる暴力団とは、共通の心性もあるが全く違うことを痛感する。簡単に言えば当時の博徒ややくざは命を懸けて「弱きを助け、強きを挫く」精神を貫いていたのである。

話を戻すと、群馬事件に備えての軍事訓練もあったという。三月頃には農民・猟師等を中心に北甘楽郡で軍事訓練を行っていた。更に小林・湯浅・野中の動きを追って見る。

五月
一一日　三人は諸戸村に入り、ここで山田米吉等数名が寄り合い、陣場ヶ原集会のビラを作成
一二日　中里村に入り、同夜四～五〇名の集会を開く
一三日　菅原村の農民の指導者東間代吉家に寄ったが不在のため、八木連村に入り、同夜四～五〇名の集会を開催
一四日　予定した陣場ヶ原集会を天候により翌一五日に延期を決める

右に記した村には、小林等の自由党員が以前から入っており、農民の多くが自由党員と結びつきがあった。

さて、菅原村・諸戸村では、東間代吉・東間重平、山田米吉が指導者であった。彼等が集会への参加体制をつくり、動員をかけていた。併せて自由党への勧誘も行った、勧誘に際しては、自由党が減税と負債の救援をしてくれると話した。また、東間重平は四月に丹生生産会社から借金をしている農民たちが、菅原村で集会を開く際に、その中心となったのである。このように自由党員と農民は負債問題等を通して、密接に結びついているようであるが、いざ事件が動き出すとそう簡単には行かなかった。そうこうしているうちに事件当日を迎えることとなった。

五月一五日妙義山麓陣場ヶ原では、農民一斉蜂起とはとても言えない少人数しか集まらなかった。理由ははっきりしないが、とにかく各地の動員体制がうまく機能しなかったのである。例えば碓氷郡の博徒山田平十郎は、六〇〇名程動員するはずだったが、間に合わず延期を言ってきた。また期待した秩父・南甘楽郡をまとめるはずであった三浦桃之助は、当日に姿さえ現さなかったのである。

当日集まったのは、自由党員以外では碓氷郡八

城村の数名と諸戸村の山田米吉等数十名であった。先述した菅原村の東間代吉は、何と同村で別の集会を開いていた。集会の目的は、丹生生産会社の岡部為作(高利貸)の家に押し入ることであった。事件の指導層は高崎鎮台や警察署を襲い、政府と敵対することが目的であり、ここに指導層と一般農民の参加意識の差は歴然であった。ただ群馬事件が以前の負債農民騒擾と異なるのは、武器を携帯した点である。また、参加の強制があった。

結局陣場ヶ原集会と菅原村集会は合流し、高利貸岡部為作宅を襲撃することが目標となった。この経緯を探ってみる。菅原村の東間代吉等は、指導層の小林・湯浅・野中等に反旗を翻したわけではなく、三人を前面に立て、自由党の名において、高利貸岡部宅を襲撃したかったのである。しかし、小林や野中は目的を変更させられたという意識が強かったのである。

そして、五月一五日夕刻、陣場ヶ原集会に参加した者は、菅原村で東間代吉等が率いる農民たちと合流し、岡部宅へ向かう。途中の八木連村で武器を調達し、菅原・八木連村の境で全体を三組に分け、日付の変わった一六日午前二時頃岡部宅を襲い、最終的に放火した。岡部宅は全焼したが、事件関係者はそれ以上行動することは、物理的にも精神的にも限界であった。こうして群馬事件は終焉することになる。

さて群馬事件と秩父事件との差は何だったのであろうか。はっきり言って表向きの目標は、それほど差はない。ただ秩父事件の目標は、上層部も一般農民も共通しており、意識の齟齬もそれほどない。秩父困民党の幹部たちは行動目標に負債農民騒擾的な目標を掲げている。「政府転覆」(菊池貫平)「革命」(井出為吉)等の上層部の目標はあったが、前面には出てこない。あるいは出さなかったかも知れない。

幹部たちは最後まで生活に直結した借金問題等

を掲げ続けたのである。秩父事件の民衆が最後まで離れなかったのは、その点に理由があるだろう。また、指導者層が田代栄助・加藤織平等、命を捨てる覚悟で参加していることもある。更に山林集会を多く繰り返し、意思疎通を図ったことも大きい。蜂起後も厳しい軍律や統制のとれた行動をしていることも特筆される。秩父事件が異口同音に言われるように、他の激化事件とは一線を画していることは明らかである。

　これと比較すれば群馬事件は、政府高官襲撃から、高崎鎮台・警察署襲撃に変わり、最後は高利貸襲撃に終わる。目標がぶれにぶれるのである。また、上層部と一般農民の意識の差は既述した通り最後まで埋まらない。群馬事件は広域に渡って起きているので、意思疎通も困難だったろう。指導者も当日姿が見えないというのは、無責任というしかない。群馬事件があっけなく潰えるのはわかるのである。

　事件自体は明らかに失敗であるが、加波山事件、そして群馬事件の結果が秩父事件につながってゆくことは間違いない。これらの事件の失敗があったからこその秩父事件であろう。いずれにしても、群馬自由党員と秩父自由党員の関係は調べる価値のある問題だと考える。

第七章　自警団の系譜

自警団とは何か

　これまで秩父事件、いや秩父盆地の周囲をめぐるように、近接地域の事件に対応する動きを追ってきた。秩父郡も周辺地域も松方デフレの波は大きく、大なり小なり生活は困窮していたのである。特に秩父地域や北関東山間部では困窮状況は度を越していた。加えて明治政府の徹底的な無策はそれに拍車をかけたのである。秩父事件は止むにやまれぬ武装蜂起であった。事件の幹部たち、取り分け田代栄助は、無計画に蜂起することの危うさを知っていた。彼は多少でも要求を実現するためには、秩父だけでなく「関東一斉蜂起」を期待していた。田代たちは、それ以前の加波山事件や群馬事件を知っていただろう。秩父が導火線となり、蜂起が連鎖的に広がっていくことを期待していたのだろう。

　秩父困民党の前に軍隊・警察が立塞がることは誰でも予想できたはずである。しかし、思わぬ壁となったのが、困民党と同じ民衆側の農民、すなわち自警団であった。もしかすると自警団的な動きは多少予想できたかも知れない。だが、これまで記してきたような大規模で、しかも武装した自警団が群馬南西部から埼玉県南の飯能・名栗まで結成されるとは、おそらく誰も予想しなかったに違いない。調査・研究を続けてきて、自分でもここまで本格的な自警団が出来ていたとは思わなかった。

短時日に、大規模な人数でしかも武装した自警団が結成された背景には、一体何があるのだろうか。最後の章では、この自警団の歴史的背景を見てみたい。なお自警団については、井上幸治氏や色川大吉氏は「自衛隊」や「村民自衛隊」等と呼んでいるが、「自衛隊」と言うとどうしても、現在の自衛隊を連想してしまうので、ここでは名称を自警団として統一したい。自警団と言えば、関東大震災時の自警団がよく知られているが、自警団の歴史に言及する上で、関東大震災は避けて通れないので、可能な限り触れてみたい。ただ、自警団の歴史を扱った本や論文は寡聞にして知らないので、おそらく本格的な研究はないと思われる。すなわち、限られた史料や本を参考にすることをあらかじめ断って置きたい。

さて、まず自警団とは一体何であるのか。定義も曖昧なので、代表的な見解を歴史辞典等から拾ってみたい。

◆「一般には非常時に自衛のために組織される民間団体。一九二三年九月一日の関東大震災のときに罹災地やその周辺市町村において組織された。震災の翌日、警視庁警保局長は全国に「不逞鮮人取締り」を打電し、三日には罹災地の郡市町村に「不逞」の朝鮮人が罹災者に暴行を加えるだけでなく、井戸に毒を投げ込むこともあるから、五人組などを動員して自衛の道を講ずるように指令した。これが自衛の組織化のきっかけである。こうして自警団は、朝鮮人や社会主義者の襲撃、一時釈放された囚人から身を守るために、流言によってだけでなく通達によっても結成され、町や村の要所を固めたのである。その中心となったのは青年団、在郷軍人、消防組、区長の選抜した有志などで、棍棒・竹槍・日本刀・鳶口・猟銃などで武装した人々は通行人を検問し、朝鮮人らしいとなるとたたきのめし虐殺した。こうして自警団は戒厳令が解かれるまで、麻痺した警察機能の肩代わりをした。その数は関東地方一円で三六八九あったと言われる。」（『日本史大事典』平凡社）

◆「一九二〇年代の民間治安維持組織、青年団、在郷軍人会や警察協議会・安全組合・民警懇談会などを名のる。関東大震災では自警団による朝鮮人や中国人への暴行・殺傷事件が発生した。」（『日本史辞典』角川書店）

◆「火災・盗難などから地域等自衛するために組織された警備団体。関東大震災のものが有名。一九二三年大震災が発生し朝鮮人暴動の流言が流されると東京・神奈川・埼玉・千葉・茨城・群馬など関東地方の各地で組織され、その数は三〇〇〇を越えた。竹槍・棍棒・日本刀などで武装し、通行人を検問して、数千人の朝鮮人を虐殺した。組織の中核は青年団・在郷軍人会・消防組で、警察が上から組織したものが多い。一九一八年の米騒動後、警察が各地で進めた住民の自警組織がその前提と考える。」（『岩波日本史辞典』岩波書店）

他の辞典等も目を通したが、見解は右の辞典の内容とほぼ同じであった。そこに共通しているのは、災害等の非常時に地域防衛のため、民間で組織された団体。組織されるきっかけは民間からのものと、警察等官側の要請によるものがある。自警団の中核は青年団・消防組・在郷軍人会等であった。これらの見解の対象とする自警団は、圧倒的に関東大震災のものである。自警団と言えば関東大震災と結びつくのは、朝鮮人・中国人大量虐殺事件を起こしており、印象が強烈だからであろう。従って自警団と言えば、比較的近現代のものであるという見方があると思うが、これまでこの本で縷々述べてきたように、自警団は秩父事件でも大規模に組織されていたのである。関東大震災のように大虐殺事件こそ起こしていないものの、困民党軍本隊と大規模な自警団が戦ったとすれば、双方に多くの犠牲者が出ていたと考える。自警団は大震災だけのものではなく、近代初頭もっと言えば幕末から組織されていたのである。しかも、先に述べた自警団の共通点、すなわち目的や出来方、中核となる者（在郷軍人会等当時存在しないものは除く）も、そのまま秩父事件等にあてはまる。

武州世直し一揆と自警団

さて、それでは自警団の歴史を遡ることにしたい。最初は第四章　飯能・名栗地域でも取り上げた武州世直し一揆をみてみよう。武州一揆を簡単に振り返ると、一八六六（慶応二）年、幕末の諸物価高騰の影響を受け生活に窮した上・下名栗村の農民が起こした一揆で、一揆勢は一進一退を繰り返しながら、参加人数が膨れ上がり、ついには一〇万人を越える大一揆となった。地域も飯能・入間・比企・大里・児玉に拡大、県境も超え南部では多摩地域、北部では群馬県最南部に達し、最後秩父郡まで入り終息したのである。一揆勢は各地域で富商や富農を狙った組織的打ちこわしを繰り返した。これは先述した通りである。

さて、一揆勢の打ちこわし等の様子は研究本や論文等で詳細に跡付けられているが、打ちこわし等に遭遇した側、要するに襲撃された方の対応はほとんど取り上げられていない。そこで、各市町村史を調べたところ、記述がある自治体史は多くないが、掲載されているものは意外と細かく書かれているので追ってみたい。まず飯能・名栗に近い所で、越生町の例を見てみる。

『六月一七日、一揆の一隊が川島領（比企郡川島町　老袋・出丸・八ツ林・中山・小見野・伊草など五一ヶ村）で、待ち構えていた川越藩兵に阻止され、退却して高坂村・宮鼻村で打ちこわしを始めた。この地域は越辺川・都幾川に挟まれてまとまりがあり、田木・毛塚・本宿・高坂・早俣・正代・宮鼻の七ケ村が申し合わせ「共同して一揆を阻止する。人足の要求には応じない」という取り決めができていた。申し合わせに従って七ケ村から屈強の者たちが駆けつけると、宮鼻村で二人を殺し、一三人を逮捕、高坂村では二〇人を逮捕した。』（『越生町の歴史Ⅱ　近世』）

この記述を読むと、明らかに幕府側の藩兵とは別に自警団が村を越えて結成されていることがわかる。一揆発生から四日後には申し合わせが行われ、共同で阻止することが決定しているのである。なお、厳密に言えばこの記述の出来事は、比企郡川島と東松山で起きた件である。なぜこれが越生町史に載っているのかと言えば、この自警団による逮捕者の中に越生地域の者が含まれていたからである。越生の地元からは逮捕者への赦免要求が出されたので町史が取り上げたのである。

次に坂戸地域を見てみよう。これも『坂戸市史』に記されているので追ってみる。

『飯能河原からの一ト手の一隊は、坂戸宿をはじめ、上吉田村から入西・三芳野地区に入って打ちこわしをした時の様子が書かれている。この時注目すべきは、上吉田村名主の藤吉などの有力な村役人が暴徒との折衝に当り、翌一七日には、おそらく川越藩の鉄砲隊に暴徒が驚き浮足立ったところへ、重立った村役人の命で、竹槍・縄たすきをかけた地元の人々が暴徒をとりおさえて川越から来た役人に引き渡し、再び暴徒が押し寄せた時は、半鐘・太鼓を合図に集まって対処する手はずが整った。一八日の朝には、明日より農業に取り掛かり、非常に備えて防衛体制を固めたが、一方幕府からの御救米の施しもあって、七月には対策もとのい、七月一二日には入西一七ケ村も非常体制の中しだいに平静に向かった。(『坂戸市史 通史編Ⅱ』)』

坂戸でも、一七日には、村役人を中心に自警団が結成されており、一揆勢に対して逮捕もしていることがわかる。更に一揆勢再来の場合に備えて対処することが決まっていた。これもまた素早い対応と言わざるを得ない。

坂戸から比較的近隣である比企郡吉見町の例を見てみよう。『吉見町史』の近世編に「慶応二年の武上騒動」という記述があるので、それを追ってみる。

『武州世直し一揆は、他に名栗騒動・武上騒動と言われており、『町史』では武上騒動としている。武州一揆の時の吉見地域の動きは明らかではないということだが、近くの冑山村（現熊谷市）をはじめとして周辺に一揆が及び吉見地域も動かざるを得なかった。すなわち村役人を軸に防御体制が形成された。具体的に見ると、大串村の名主田中唯五郎の記録によれば、六月一六日八ツ頃から、村方の惣人足を出した。一六日夜、一七日夜も出したと記され、一八日昼は三人、夜は一一人、一九日昼は一七人、夜は六人となっている。一九日昼九ツ半時から再度惣人足を出したが、夜は小屋掛勤め等三人、以下二・三人勤めで七月一日を最後に休みとなった。

六月一六・一七日は一揆勢が近くを通過するので、その警備のため総人足の出動となり、一九日に再び総人足となったのは、一揆勢が周辺で目的を果たし、小八ツ林（現熊谷市）から大芦（現吹上町）辺りから、再度引き返してくる気配があったからだという。二〇日以降は大きな動きもなく、平静となり警備の人数も徐々に減らされていったのである。』

なお『町史』によれば、一揆後自警団に対して、富農や村入用から現金や米等が褒賞として支給された。

吉見地域では一揆勢による大きな打ちこわし等の記録はないにもかかわらず、ここでも短時日のうちに自警団が結成されている。ただ、惣人足とはどれほどの人数なのか、また武器は携行していたのかがわからない。しかし、幕府や藩の命令等の記述は見受けられないので、これも自警団と言って良いだろう。ちなみに『町史』の執筆者は「農民鎮圧隊」と記している。

さて、武州一揆と自警団という問題で、最も興味深い記録が残るのは東松山地域である。『東松山市の歴史　中巻』には、武州一揆における地域の情勢に多くのページを割いているので、追ってみたい。

『武州一揆が日を追って参加人数を増やしたのは、打ちこわしを免除されることを代償に、村から人足を差し出させ、それにより一揆勢の要求を拒否した多くの村の打ちこわしが出来た。しかし、東松山地域でも抵抗する自警団が結成され、しかも一揆勢と対決する村もあった。例えば古凍村（現東松山市）をみると、村内の小前百姓は他村と同様に、一揆勢に嘆願して打ちこわしの免除を強く述べた、今泉村でも同じ進言があった。だが、村役人はこれに反対し、ついに村が団結して一揆に対抗することを決める。付近の村は全て、一揆勢に恭順し、打ちこわし人足を出していたので、援軍はない。そのため、慈雲寺の世話で横見郡の村から二〇〇〇人の加勢を頼み、村役人から野本・柏崎・松山に人数の派遣を依頼した。こうして鉄砲・槍・竹槍等で武装した総勢は一万人にもなり、一揆勢に押し出そうとしたが、川越藩兵が動き、川島領にいた一揆を大砲で退散させたため、一揆勢との衝突にはならなかった。』

『市史』でも記されているが、村役人の行動は多少大仰に書かれているし、一万人という自警団の人数はやはり割り引いて考えないといけない。それでも、勢いに乗った一揆勢に怯まず、これだけの行動ができることは驚異である。もし、一揆勢とこの古凍自警団が衝突していたら、犠牲者が多数出る悲惨なことになっていた可能性が高い。

更に実際に一揆勢と戦った地域があった。これは先述した越生町のことと重なるのではないかと考えるが、重要なので、東松山地域から見た場合を見てみよう。

田木村（現東松山市）名主久保田要蔵の記録をみる。

『田木・毛塚・本宿・高坂・早俣・正代・宮鼻の七ヶ村は、一揆勢から打ちこわし人足を出すように言われても応じず、共同で阻止することを申し合わせた。この地域は都幾川と越辺川に挟まれており、まとまりが強かった。一揆の本隊が東松山地域を去った翌一七日、宮鼻村大黒部の宗三郎と惣兵衛の家に一揆勢が来て、打ちこわしを始めた。

申し合わせに従い、七ヶ村から屈強の者が駆けつけ、宮鼻村では二人を殺し、一三人を逮捕。更に高坂村では二〇人を逮捕した。これらの逮捕者等を川越藩に渡したのが、二一日であった。その間逮捕者の監視のため、七ヶ村から多数の人足を集めたので、多額の費用がかかった。総費用は一〇三両にもなり、これを村ごとに負担することになったが、各村では結局、富農が出すことに落ち着いた。』

余談であるがこの時逮捕された三三人の出身地を調べると、武蔵国四郡、二一カ村に及んでいる。中には秩父郡、多摩郡の者もいて、皆山間部地域である。武州一揆がいかに広範囲で、貧困な地域の情勢を反映しているかがわかる。もう一つ興味深いのは、自警団を結成し、打ちこわしを免れた村では、その後平穏になったかと言えば、必ずしもそうではなかった。すなわち、自警団の結成には下層農民の参加が不可欠である。彼等は打ちこわされるような財産はない。それでも参加したのは、防衛意識はもちろんのこと多少の見返りがあると考えたからだと言う。そうでなければ命がけの組織には参加しなかったろう。案の定一揆後に村内で上層農民と下層農民の関係がうまく行かないのであった。一致団結しているように見えた自警団も一筋縄ではいかないのであった。

武州一揆の終息後、幕府によってこのような乱暴を防ぐために、村が守るべき諸箇条が決められて示された。その議定書の内容は次の通りである。

『一、村で人数を繰り出す場合の食料は村で用意する

二、悪者が来襲した際は、それを防ぐことはもちろんであるが、もし組合村に無断で酒食を出し、または打ちこわし人足を差し出し、難を逃れた村があった場合、組合村で評議の上、難を逃れた村から被害を受けた村に十分な補償を行う

三、組合村で人数を出す際は、目印や合言葉を決め、夜間でも手違いのないようにする

四、悪者が来た場合は、早半鐘を鳴らすこと。半鐘を聞いたら各村はそこへ駆けつけ防御にあたる

五、悪者が横行している際は、すぐに逮捕する。手向かいしたら鉄剣を使用してよい。逮捕してからの費用は組合惣高割で出金する

六、悪者を防ぐため働いた者は、組合村として厚く賞する。もしそれが小前百姓の場合は、一層厚く賞する。怪我人が出たら、組合村全体で世話をし、費用は組合惣割高とする

七、昼夜に限らず村内を厳重に見廻り、不取締が無いよう相互に注意する（『東松山市の歴史 中巻』）』

これは、幕府が一揆等の騒動が起きた時は、村の垣根を越えて連帯して防衛することを押し付けたものである。

この条文を読めば、一揆等の騒動が起きた場合、幕府や諸藩がなすべき鎮圧行動を、民衆に半ば以上委ねていることがわかる。ある意味この議定書は公側の責任放棄とも言える。このような土壌があったからこそ、各地で素早く自警団が結成できたのであろう。民側に治安の一部かそれ以上を委ね、民で民を取り締まる事情は、幕藩体制が弱体化したこの時期から始まった可能性がある。秩父事件の自警団やその後の関東大震災の自警団にも右の諸箇条は通底するところがある。自警団結成の背景には幕末以来の「民によって民を抑えるという思想」があるのではないだろうか。

さて、もう一つだけこの地域で触れたい史料がある。それは現熊谷市と現東松山市の境、冑山地域に根岸家という名望家がある。その根岸家を中心に武州一揆と戦った記録が、熊谷市玉造の須藤家に残っている。史料名は『冑山防戦記』と言う。これも見逃せない史料なので簡単に触れておく。根岸家は、幕末の志士根岸友山を輩出したことでも知られている。根岸家は今も冑山に立派な屋敷がある。

『六月一七日早暁、一揆勢は冑山に来襲した。一揆勢が要求は、もし打ちこわしから逃れよう

現存する根岸家長屋門（熊谷市青山）

と思うなら、一万人分の食料を用意しろということであった。このように無理な要求をされ、準備できなければ打ちこわしをするまでということだった。一揆勢は大谷（現東松山市）の村人に先導させ、根岸家から半町程の地蔵堂の側から現れた。このような攻撃を以前から予想していたので、迎撃体制として壮士一隊を北側に隠し、地蔵堂の鐘を撞くのと同時に鉄砲を三度撃った。その銃手箕輪の秋池音次郎・青山の酒杜氏岸田屋・平の植木屋某氏であった。根岸友山は真っ先に進み、役夫の者は早く逃げるように、激しく声をかけた。これは近隣の者が負傷してしまうことを恐れたからである。本当は南門を開き、敵を庭に入れればそこで必ず皆殺しにしようとした。また直近まで誘導し前後から挟み打ちをかける計画もしたが、これでは罪なき者を多く失うことになるので、このような発砲を行ったのである。竹槍を持った者一五〇人は、ただ鬨の声をあげるだけという約束であった。

相上の須藤常八藤原周恒は戦の準備がなくて来たので、帰って準備をしようということになったが、家の人々は、戦への参加を許さなかった。弟の須藤敬之助藤原周次は兄を助けようとして来たが、周恒が言うには、兄弟が同時に参加したならば、後継ぎがいなくなる。周次は兄に諫められて思い止まった。

吉見宮中臣宣忠の二男須長宣興・玉造の金井信正・栗原万之助・高本の徳永豊州・大谷の鷲巣秀次郎等、根岸党には、大木礼助、宗矩御所の大月良輔、相上の高橋善則等以上の者は太刀で斬りかかった。小沼弥八郎・赤田治兵衛は薙刀を使った。…中略…竹槍の一隊は以前の約束を忘れ、各々敵に突きかかり、栗林という広場で三〇カ所に分かれて戦った。そうであったので、本来は多く敵を討ち取るべきところだが、それは本来の目的からはずれるので、槍は刺さないで叩き伏せ刀は峰打ちにして追い散らした。が、斧を持った屈強な敵は仕方なく斬り伏せた。負傷させた者は三〇人程、山林に隠れた者を後日山狩りした。生け捕りも一名あった。

その時わかったことは、一揆勢が残していった旗や兜、そして槌等諸々の物を良く見れば、兜は鍋であり、紅の布で頭を包んでいたのは、毛氈の切れ端であった。馬印のように見えた物は、荷馬の鈴を竿に懸けたものだった。従って本当に狐に化かされたようであった。…中略…我が味方は負傷者もなく、終わりの発砲をして引き上げた。

一八日夜明け頃から近隣の村長が多くの人足を引き連れ、竹槍・刀・鉄砲を持った者が日ごとに集まって来た。その後混乱が続いたが、青山地域は終息していった。』

以上が「防戦記」である。青山地域では、自警団は結成されたが、坂戸や吉見・東松山とは多少違い農民ではなく、地域の有力者が結集しているところが興味深い。これは史料にもある通り、根岸友山等が一般人を巻き込みたくないという意思の表れであろう。また、一揆勢と全面対決するのではなく、手加減を加えていることも注目である。一揆勢はともかく自警団側はまともに戦うことを避け、一揆勢を遣り過すことを主眼としたのだろう。

一口に自警団と言っても様々なあり方があることを考えさせられる。一揆勢にとっても戦略に長けた有力者と対峙することは、躊躇したのだろう。比企郡小川町を襲った一揆勢は、町中の富農や富商は襲ったが、剣術道場がある地域は慎重に避けたという話が伝わっている。

この後武州一揆は既述したように秩父郡に進入し、最後は秩父大宮郷の忍藩兵ではなく、自警団によって手痛い打撃を受け、終息してゆくのである。武州世直し一揆勢の本当の敵は幕府・藩であったのだろうか。これは一八年後の秩父事件についても言えることでもある。

秩父事件と自警団

「武州一揆と自警団」で見たように、自警団は秩父事件から始まったわけではなかった。その淵原を辿ると、幕末の武州一揆で、既に始まっていたのである。自警団の目的・出来方・参加層・行動原理等は幕末武州一揆の中に原形が出来ていたのである。無論武州一揆の自警団と秩父事件の自警団が直でつながっていたとの史料も確証もないが、類似する点は今まで縷々述べてきたことからわかっていただけると思う。また、江戸時代は百姓一揆が頻発するが、そこに自警団的なものはあったのかも調べるべきだと思うが、今回はそこまでは手を広げられない。

さて、秩父事件と自警団はこれまで、詳述してきたので、ここではまとめを行いたい。自警団が結成された地域・活動した日程・中心人物・参加人数（概数）の順で記してみる。

【大里・児玉・寄居地域】

深谷地域　一一月五日　惣代人中心　一二〇名

寄居地域　一一月三日〜六日　地域の素封家中心　九名

児玉地域　一一月二日〜一〇日　戸長中心　四六八名（金屋村連合）・一四四名（児玉賀美那珂郡役所）

【比企地域】

東松山・滑川地域　一一月三日〜五日　戸長中心　五〇〇名

小川地域　一一月一日〜五日　戸長中心　三〇〇名

ときがわ地域　一一月三日〜五日　戸長中心　五〇名

【飯能・名栗地域】

名栗地域　一一月三日〜八日　警察・戸長中心　数十名（人数は不明確）

【秩父地域】
小鹿野地域　一一月三日〜　戸長・逸見道場中心　二五〇名
大宮郷地域　一一月四日〜五日　戸長中心　五〜六〇〇名＋一五〇名
【群馬山中谷】
万場地域　一一月六日〜　戸長中心　三〇〇名
保美濃地域　一一月六日〜　戸長中心　一五名
乙母地域　一一月六日〜　戸長中心　二〇〇名
【その他の地域】
山梨地域　一一月四日〜　警察中心　三〇〇名
長野佐久地域　一一月七日〜　警察・戸長中心　数百人（海瀬村）

右に記したのは飽くまで調べた限りの概数であり、過不足があることは承知しているが、史料に基づいているので、それほど大間違いはないと考える。驚くべきは参加人数であり、総計すると三〇〇〇人を軽く超える。秩父事件の参加総人数は様々な説があるが、三〇〇〇人前後だと考える。秩父事件参加者数は、当時の激化事件の中で際立って多いが、事件を包囲した自警団も、それと拮抗するかそれ以上の規模であった。秩父地域全体は決して狭い規模ではない。結果的にそれを半分以上取り囲む形で自警団は結成された。もちろん自警団の規模や中身は地域によって違いがあるが、秩父困民党の進軍の大きな壁となったのは、自警団がその一つであった。

何度でも記したいが、日本社会で変革を目指そうとして動いた時、変革を目指して起ちあがる人々は少なくない。それは武州世直し一揆や秩父事件等に代表される民権運動激化事件等を見ればわかる。だが、日本社会の変革が想像以上に困難なのは、この自警団にみられる変革を阻止する「民衆」の動きの強力さである。これは言い換えると「草の根保守」の力と言ってもよいだろう。

これは何も一四〇年前の話ではない。一四〇年後のまさに現在にも通用する課題である。秩父事件に起ちあがった人々が、一四〇年後の現在によみがえったとしたら、彼等は一体どのような行動をとるだろうか。非常に興味深いことである。

関東大震災と自警団

さてこの章「自警団の系譜」でどうしても触れなければならない事がある。それは「自警団」のイメージを決定づけた関東大震災と自警団の問題である。もちろん専門の研究者ではないので、突っ込んだ内容は書けないが、この問題を素通りするわけにもいかないので、先行研究や最新研究を頼りに、追ってみたい。

関東大震災は言うまでもなく、今から一〇一年前の一九二三年九月一日に発生した大地震である。震源地は相模湾でマグニチュードは七・九と言われている（近年の研究では七・九以上だとも言われている）。多くの建物が損壊し人々が圧死した。被害を大きくしたのは、東京・横浜市内で発生した火災で、一日から三日未明まで燃え続けた。被害は東京の場合、死者九万人、負傷者一〇万人、行方不明四万人であった。罹災者は東京・神奈川・千葉・埼玉・茨城・静岡・山梨の三四〇万人に及んだ。当時の第二次山本権兵衛内閣は、即日戒厳令を発令し、軍隊を出動させ治安維持にあたらせた。（『岩波日本史辞典』）

この大震災時に知られている通り、多くの流言蜚語が首都圏を飛び交った。その中で最も悪質なものが朝鮮人に関するものであった。「朝鮮人が井戸に毒を投げ入れた」「朝鮮人が暴動を起こしている」「爆弾を持った朝鮮人が入り込んだ」等々多くの根も葉もない流言が流れたのである。

大震災のパニック状態の中、このような流言蜚語を信じた民衆が、自警団を結成して朝鮮人や中国人を虐殺していった。その数は朝鮮人だけで六〇〇〇人前後とされている。この未曽有の虐殺事件が起きた原因は、もちろん民衆の軽率な動きがあるが、もっと深刻なのは警察等の官側が率先して虐殺を煽るような噂を流したことである。これは山田昭次氏等の研究者が既に明らかにしているので詳述はしないが、本来は民衆の暴走を止める役割を果たすべき官側がこの態勢では、虐殺事件の拡大を止めるものはなかったろう。

では、関東大震災時の自警団はどのように結成され、どのように動いたのかを見てみたい。先述した山田昭次氏が、『関東大震災時の朝鮮人虐殺』（創史社）の中で、自警団成立の四つのタイプを提示している。それによれば、自警団結成には四タイプがあるそうである。

第一タイプ

震災時の混乱の中で、警察側のデマ情報に確信を得た民衆が、誰が指揮するともなく、各自竹槍等の武器を携帯し、警備に出かけるような、自然発生的に結成されたもの。

第二タイプ

混乱の極みに達した民衆の中には、当初盗難や放火を心配し、町の入口へ出て警備を行った。町会や青年団等が成立している場所では、それらの幹部が夜警をすすめた。そのような町内組織がない所では、誰の命令もなく自発的に結成され、やがてそれが昼にも適用された。各町では町の入口に臨時の関所を造り、通行人を検問した。つまり、夜警から始まり本格的な自警団になったもの。

第三タイプ

関東大震災の数年前に、町会や町村単位に警察の下請けとして組織された「安全組合」「保安組合」が母体となって結成されたものである。「安全組合」「保安組合」の例を見てみると、東京品川の場合は「町会に併置し会長をもって組長とし、町内会を家屋の接近状態を基礎に数部に分け、これに部長を置き部員を毎日交替で当番させ、犯罪・変災・危害等日常生ずる警戒事項を警察と連絡する保安防備の官民共同作業であった。この制度は費用を要しないが、大体町会が負担した。最も力を発揮したのが、関東大震災のあの無警察状態の時だった。整った警備が即座につくられた。」

第四タイプ

内務省↓県↓郡↓町村の経路、または警察署からの指令でつくられた自警団である。

以上の四タイプを見ると、武州一揆・秩父事件の際の自警団結成と非常によく似ていることがわかる。特に近代警察・軍隊が整備されていた秩父事件時の自警団は、右のタイプにそのまま当て嵌まる。秩父事件でも発生時の混乱で警察権力の空白状態が一時的に生まれ、その間にほとんどの自警団が結成されている。結成の軸になったのは、戸長や筆生等の町村の幹部等であったことも酷似している。また、秩父事件も当初から自警団というわけではなく、まずは困民党軍が進入してくる峠や町村の入口を固める夜警等から出発している。更に言えば警備費用等も官側の負担ではなく、町村で負担していることも共通点である（右掲の「安全組合」参照）。

そして、その起源をさらに遡及すると武州一揆の自警団に行きつく。特に幕府が一揆後に示した諸箇条の議定書は村の中で口承等を通じて生きていた可能性がある。

山田氏の研究を更に追ってみると、これもまた武州一揆や秩父事件の自警団につながるような記述があった。それは「自警団を構成した社会層」というところである。大震災からおよそ一ヶ月の九月下旬、自警団はまだ活動を継続していた。そこで、自警団そのものに対する不満が出てくるのである。それは新聞の投書等からわかるという。例えば自警団組織が、少数の富裕者や有力者で動いていたこと、富裕者が夜警番所に出るように駆り出しをしたこと等である。要するに警戒も必要なくなったにもかかわらず、一部有力者のために時間を割いて警備につくことは耐えられないというものである。これは武州一揆で結成された自警団でも聞かれた不満である。自警団は地域共同体を守るという大義名分があるが、一体誰を、何を守っていたのかが透けて見えるような言い分である。

山田氏は前掲書で「自警団の思想」という項目も設けている。そこで、日本人が朝鮮人暴動のデマに接すると極めて迅速に膨大な数の自警団ができたのはなぜか。官側がデマに信憑性を保証したとしても、説明しきれない。日本人の中に、デマにすぐひきずられる意識が植え付けられていたと考えざるを得ないと述べている。そして結論を先取りすれば、それは多数の日本人にしみ込んでいた「朝鮮独立の陰謀を謀る恐るべき不逞鮮人」という像だったと思われると加えている。

多くの民衆が、朝鮮人に対する流言蜚語に踊らされ、残忍な虐殺を繰り返したのは、山田氏の指摘するように、朝鮮人への潜在的な怖れが背景にあったことは、多くの研究者も指摘していることである。デマをそのまま真実のように受け止められてしまう素地が日本人の中にあったと思う。その点に対して異論はないが、もう一つ言っておきたいのは、自警団そのものが比較的簡単に出来てしまう素地である。自警団は一朝一夕に出来たものではない。幕末武州一揆の幕府の政策「民によって民を抑える」思想から始まり、秩父事件へと断続的につながる。そして山田氏が指摘した戦前の「安全組合」「保安組合」等の思想は自警団の流れの延長線上にあるものと思えてならない。そうでなければ、これ程短期間で参加人数も多く、しかも膨大な数の自警団が出来たことの説明は出来ないのではないだろうか。すなわち原因やきっかけは何でもよく、事が起きればすぐにこのような民による警備体制がとれたのではないかと考える。

さて、関東大震災と自警団に話を戻したい。自警団の末路のことである。いくら共同体の防衛のためとは言え、これだけの虐殺事件を起こしたのだから、官側も黙っているわけにはいかなかった。自警団の一部の人々は当然法廷に呼ばれることとなった。その法廷では今となっては信じ難いことが起きるのである。

自警団員は虐殺事件が終わった後、次々と検挙されるが、これに対して抗議するための団体が成立する。名称は「関東自警同盟」と言う。自警同盟は内務大臣・司法大臣に詰問状を送る。その内容は次の通りである。

我等は当局に対して左の事項を訊す

一、流言の出所に付当局がその責を負わず、これを民衆に転嫁しようという理由はなぜか

二、当局が自警団の暴行を放任し、後日になってその罪を問う理由はなぜか

三、自警団の罪悪だけを世間に知らせ、多くの警官の暴行を隠す理由はなぜか

我等は当局に対して、左の事項を要求する

一、過失により犯したる自警団の傷害罪は全て免除すること

二、過失により犯したる自警団員の殺人罪は全て特別の恩典によって裁決すること

三、自警団員中の功労者を表彰し、特に警備のため生命を失った者の遺族に対して慰謝を考えること

この詰問状の言いたいことは、官側が朝鮮人に関する誤情報を流しておきながら、何で自警団が責任を取らなければならないのかという事である。確かにこの指摘に間違いはないが、自警団が虐殺事件を起こしたことは隠せない事実であり、それに対する反省がほとんど見られないところに何か深い欠落感がある。自警団の人々がこのような主張をするのは、スケープゴートにされた被害者意識ともう一つ自警団の目的は国のため公のためという意識が強かったことにあると山田氏は述べている。それは自警団を支えた人々も同じであった。裁判にかけられた

自警団員を援助するため、差し入れや裁判費用等を町村全体で負担する、あるいは寄付等で賄う体制が出来たのである。自警団員は倒錯した形ではあるが地域の英雄でもあったのである。また、もっと衝撃的なのは裁判のやりとりの中で、裁判官も被告もお互いをからかい、笑いが漏れるような場面もあったという。多くの朝鮮人・中国人を無残に殺害したことに何の罪悪感もなかったのだろうか。彼等の罪悪感を消し去ったものはおそらく集団意識だった。集団の中では「個」は脆くも埋没してしまう。日本人のように世間体を強く意識し、同調圧力に弱く、主体性の希薄な人々は顕著にこのような方向に暴走してしまう。

さて、秩父事件で結成された自警団は、その後どうだったのだろうか。秩父事件の場合は、関東大震災と違い虐殺等は起こしていないが、再三書いた通り、一歩間違えば困民党軍と自警団の衝突が十分にあり得た。それがエスカレートしたならば、凄惨な殺し合いのようなことも起きた可能性がある。だから、その差は紙一重と言えよう。事件後の自警団は、戸長等の報告によれば当然解散し、日常生活に戻った。そして比企郡小川地域や県北の児玉地域等は多額の寄付が、これも自警団と同様に短時日で集まった。また、小川地域では最も最前線に立った者へ県から「木盃」等が下賜されている。前掲の「関東自警同盟」が要求した褒賞等とも重なるものである。

関東大震災の自警団と秩父事件の自警団は、もちろん同列に並べることは難しいが、底流には同じものがある。何度も言及して申しわけないが、自警団は関東大震災で突発的に結成されたのではなく、その淵源は幕末から近代初頭にあるのではないだろうか。ただ、そのベクトルが武州一揆では一揆を阻止する側に回り、秩父事件では困民党軍を敵に回す方向に向かった。そして関東大震災では、流言蜚語に惑わされ、無辜の朝鮮人や中国人虐殺に走ってしまった。いずれも地域共同体を守るという意識が働いたと思うが、武州一揆や秩父事件では結果的に変革の流れを止めることになり、関東大震災ではまさに「暴走」してしまった。自警団それ自体は、緊急の場合結成せざるを得ないこともあろう。しかし、不確実な情報に基づき冷静さを欠き、統制の取りづらい自警団という組織は、同調圧力に弱く、付和雷同性の高い日本人には危険性が紙一重で伴うことを自戒したいと思う。

ここまで記述してきた自警団の歴史はほとんど先行研究がない。幕末には武州だけではなく、他の場所でも大一揆が起こっている。そこではどうだったのか。また自由民権運動でも最初に起こった福島事件の場合、自警団は結成されたのか。更に下って大正時代の米騒動ではどうか。研究する余地はたくさんある。

結論的に言えば、武州世直し一揆も秩父事件も従来は公権力・官側によって最後は弾圧されたとされてきた。確かにそれは第一義的には間違ってはいない。しかし、幕末も秩父事件時も、想定外に起こった未曽有の規模の出来事に、公権力は当初対処出来なかった。その鎮圧勢力を補完したのが自警団であった。補完するというより一時は主力になったのである。

秩父困民党の行く手を本当に阻んだもの、あるいは阻もうとしていたものを見落とすと、現代社会における社会変革を考える上で重要なものを見落とすことになる。何度でも記すが、この日本社会において民主的な変革を起こすことは、相当に難しい。安保闘争・学生運動、近年では安保法制反対運動等、戦後数々の社会運動が起こり、それなりに隆盛とはなるが、変革には届かない。変革はおろか政権交代も容易ではない。

だが、諦めこそ最大の障害である。変革を志した人々の軌跡を辿り、未来へと生かす道を探り続けなければならない。

【コラム　関東大震災時埼玉県の自警団】

秩父事件の三九年後に発生したのが、関東大震災である。関東大震災の被害は東京・横浜だけでなく千葉・埼玉等にも及んだことは先述した通りである。直後に起こった朝鮮人虐殺事件も、埼玉県は例外ではすまされない数の犠牲者を出した。埼玉県では圧倒的に県北地域で犠牲者の数が多い。犠牲者数については正確な数字は未だ不明であるが、熊谷で四〇〜六〇人、本庄で八〇〜九〇人、神保原で三〇〜四〇人等である。つまり最低でも一五〇人程の朝鮮人が虐殺されたことになる。その他県南では川口が多いが、これらの地域に共通しているのが高崎線沿線ということである。朝鮮人に対する流言は高崎線経由で北上して来たからである。要するに東京の惨状から避難するため、人々は高崎線を利用したのである。根も葉もない流言は怒涛の勢いで高崎線沿線や中山道を流れたのである。ここからは山岸秀氏の『関東大震災と朝鮮人虐殺』が詳しいので、追ってみよう。

埼玉県警は東京から避難して来た朝鮮人の県外移送を考えていた。移送は一応自警団から朝鮮人を保護するためと言っているが、真偽の程はわからない。移送方法は警察によってガードされるのではなく、各地の自警団がリレー方式で行う方法であった。自警団の暴力から守るためと言いながら、警備を自警団に委ねるとは大きな矛盾である。いくら震災の混乱で警察の力が弱まっているとしても、ここでも民によって民を抑えるという官側の思惑が透けて見える。

朝鮮人は県内で拘束された人々と一緒に蕨に集結させられた。そして自警団とともに中山道を北上することになる。九月の残暑の中を、疲労困憊した朝鮮人を列車ではなく徒歩で移動させること自体が尋常なことではない。まして虐殺の根源である自警団の保護という状況は、先のことを考えず、とにかくやり過ごせばよいという官側の失策であることは言うまでもない。朝鮮人たちは、浦和・大宮・上尾等の町を通過し、ついに県北の中心である熊谷にたどりついたのである。しかし、熊谷で待っていたのは狂気に満ちた自警団員であった。熊谷では前記の通り四〇~六〇人が虐殺された。熊谷の自警団は朝鮮人が町中に入ることを阻止するために虐殺を始めたのである。虐殺の状況は詳述しないが、とにかく片端から朝鮮人を殺害している。それは護送されていた朝鮮人の背中にみな竹槍が刺さっていたという目撃証言だけでもわかることである。

更に本庄でも虐殺事件が起こっているので、それも見ておこう。山岸氏の前掲書の中に元本庄警察署の署員の証言があるので、要約してみる。

本庄署では、三日夜から保護していた朝鮮人が四三名いた。他に移送した朝鮮人もいた。移送した朝鮮人は神保原で群衆に襲われ、身動きできない状況だった。そして本庄署に引き返した三台のトラックには朝鮮人が満載であった。そこに群衆が押し寄せ凄惨極まる虐殺が行われた。最早警察にも止められる力はなかった。子どもは親の前で首を切られる。生きている朝鮮人の腕をのこぎり引きにする等の行為がなされた。

そのうち本庄署内に匿われていた四三名も見つかり、全員殺されたのである。本庄署内は虐殺事件の後血であふれ長靴でないと歩けない程であったという。

自警団に話を戻そう。熊谷で結成された自警団については興味深い事実がある。自警団は県や警察等の公的な機関の要請による場合もあるが、熊谷の場合には要請は確認できないそうである。では誰が要請したかと言えば、町内の世話役であった。彼等が一軒で一人出ることを呼びかけた。それに住民が応じたことになる。山岸氏はこのような状況を見れば、言葉の真実の意味での自発ではないとし、地域社会の中では、自発と言ってもほとんど強制的なものが多いとしている。つまり自警団とは言いながら、裏側では強制的なものが働き参加せざるを得なかったと述べている。確かにその通りであるが、自警団そのものがこの章で辿って来たように、幕末以来の伝統の上に結成されている。自警団は当初から、自発的というより「駆り出し」等の言葉に象徴されるように、半強制的だったのである。出来方はどうであれ結成された自警団は、その後、村役人や有力者を中心に自律的に動くことになる。しかし、事件や騒動が解決した後は、半強制ということが表面化し、それが責任感の希薄さにつながることになる。とにかく自警団の結成については、秩父事件や幕末武州一揆の自警団と非常に酷似しているのである。しかし、大震災時の自警団は虐殺へと暴走する。秩父事件や武州一揆もその可能性はあったと思われるが、そこを分けたものは何だったのだろうか。再び山岸氏の見解を見てみよう。

山岸氏は熊谷の自警団を分析している。熊谷は先述した通り、一軒一人の自警団参加が要請されていた。当時の熊谷の世帯数はおよそ四五〇〇軒であるから、少なく見ても三五〇〇～四〇〇〇人の自警団になることがわかる。これがどのように編成されたかは不明だが、地区ごとに分かれていたとしても中心部に集まる以上相当な数となったはずである。これは武州一揆や秩父事件とはスケールが異なる。武州一揆や秩父事件の自警団が大きな暴走をせず、ある程度統制が取れていたのは、規模が小さく顔見知りが多かったことが背景にある。更に言えば、秩父事件時に群馬山中谷で結成された自警団は困民党軍との顔見知りが少なくなかった。つまり自警団は敵のことをよく知っていたのである。このことは地域によって差はあるものの、比企地域等他地域でも同様であった。

熊谷の自警団は、規模が大きくそして出身地域も幅が広く、顔見知りの方が少なかった可能性がある。山岸氏に言わせれば、熊谷は伝統的な自発統制が効かなかったということになる。熊谷の自警団は統制も目的も、そして理性も失った完全な烏合の衆と化してしまったのである。そして「敵」が朝鮮人という全くの面識のない人々であったのは、蛮行に余計に拍車をかけてしまったのではないか。それにしても人間の集団心理は恐ろしいと思う。知られた話だが阪神・淡路大震災でも、外国人に対する流言が発生し、神戸で自警団が結成されたという。

その他川口等の県南地域や北西部の寄居でも虐殺事件が起きている。特に寄居では、警察署に保護された飴売りの青年一名が近隣の自警団員多数によって殺害されている。近年事実の掘り起こしがされているが、知名度は低いままである。

関東大震災から一〇一年、南海トラフ地震や首都直下型地震の危険性が言われる中、このような自警団の暴走が起こらないとは誰も言えない。このような悲惨なことを二度と繰り返さないためには、自警団の事実を深く掘り、先の時代に生かすしかないであろう。

【付論】
自由民権運動の解体

序論

自由民権運動の研究は、既述した通り近年非常に低調である。自由民権一〇〇年、秩父事件一〇〇年までは、日本近代史研究の花形と言ってもよい程多くの研究書や論文が書かれた。そして優れた研究成果も出た。

二〇〇〇年代に入ると「自由民権運動」そのものを取り上げる研究書や概説本もめっきりと少なくなってしまった。近代史研究も近年は、政治史・外交史・経済史・文化史等が中心で、一時期注目された社会史・女性史・地域史等は活発とは言い難い。政治史・経済史が歴史学の主流であることは大事なことであり、これからも主流であり続けるだろう。しかし、色川大吉や安丸良夫、そして鹿野政直等が道筋をつけた民衆思想史等の成果は、もっと継承・発展させる必要がある。近代思想史でも、出される本は福沢諭吉等をはじめとするいわば頂点思想家のものが圧倒的に多い。福沢等の思想を追うこともこれまた重要ではあるが、それだけで近代史を記述するのはあまりに立体性に欠ける。

歴史学も当然ながら時代に左右される。六〇年・七〇年安保闘争があった政治の季節を背景に、日本が何か変わるかも知れないという期待と不安の中で、自由民権運動研究は隆盛を迎えた。だが、あっと言う間にその季節は去り、高度経済成長を迎え、石油危機も超えてバブル経済まで突っ走る。バブル経済も脆くも終わり、低成長時代、いわゆる失われた二〇年・三〇年となった。経済の停滞以上に政治の停滞の方が深刻であった。次の時代の未来図が描けないいま二〇二〇年代を迎えている。政治に関心が薄れ、身の回りのことで精一杯という声が聞こえる中で、自由民権運動研究が停滞してゆくこともわからないわけではない。しかし、一四〇年前の日本も有司専制政治が展開され、経済もどん底と言ってよい状況だった。それでも、民権運動は盛り上がり秩父事件のようにピークを迎えたのである。希望が見通せない今こそ、この運動を研究する価値はある。そしてその価値は決して衰えることはない。

さて、この本の最後に、自由民権論を載せたいと思う。これは本当に恥ずかしいことであるが、今から四〇年前に書いた大学の卒論である。大学時代は史学科におり、日本近代史専攻であった。専門は自由民権運動である。自分が在籍していた頃、民権運動研究はピークを過ぎた頃であった。民権運動研究は先学によって研究尽くされたような感があったが、自分にはどうしても解けない疑問が存在した。それはこれだけ隆盛を極めた自由民権運動がなぜ解体したのかということである。更に言えば民権運動後に起きる日清・日露戦争等の国家主義的傾向になぜ絡めとられてしまったのかという疑問である。それで卒論のテーマに選んだのが「自由民権運動解体の研究」である。ここでは自由民権運動を社会経済史からではなく、「思想史的な面」

に絞ってみている。

ここで恥を忍んでなぜ掲載するかと言えば、これまで書いてきた秩父事件の敗北とつながるからである。秩父事件は官側の鎮圧とともに、自警団の勢力に包囲され急速に力を喪失した。そして、民権運動を主導した自由党も事件直前に解党するという思いもよらない事態となった。民権運動をリードした自由党主流派はなぜ秩父事件を頂点とする激化事件のエネルギーを包摂できなかったのか、という問にほんのわずかであるが、この論文は答えているので、この本の論点を補完する意味でも掲載したいと思う。なお論文は再構成して載せることとする。

自由民権運動の解体

ナショナリズムとしての民権論（その1）

民権運動の解体期（この論文では、自由党解党をその目安とする）、或いは解体に関する研究をみると、ある共通の指摘にぶつかる。例えば後藤靖氏の自由党解党論をみると、解党の原因として党の政体構想の転換・変質を説くのである。すなわち自由党は結党時（明治一四年）においては変革の政党であったが、その後変質して体制の枠内の政党＝準備政党となるという。解党の問題は後に触れるつもりなので、ここで余り述べないが、後藤氏の論理では、自由党がそのように変質したために、激化事件やテロリズムの頻発は党の構想と相容れなくなった。ゆえに党の維持は不可能となり解党・解体せざるを得なかったというわけである。

もちろんこのような見解には反論がある。下山三郎氏等は自由党結党時において党の政体構想の曖昧さを指摘しているが、しかし、大方の研究者は党の転換・変質を認めているようである。自由党解党時において党の政体構想が保守的＝体制内的であったのは私も認める。だが、それが結党時、或いはそれ以前の構想である「変革」からの変質・転換だとは同意し難いのである。これは自由民権運動そのものに関わってくる重大な問題である。

このような点を踏まえて解体に至る民権思想を追ってみよう。周知の通り、自由民権運動はその主体の変化から「士族民権」→「豪農民権」→「農民民権」、このような図式でみられてきた。また、民権運動の指導的役割についても、従来の『自由党史』に記述されている流れ、立志社→愛国社→国会期成同盟→自由党が主流だとされてきた。しかし、研究の進展によって両者には批判が多くなされ、特に後者はその単線的構成に決定的と言える反論がいくつかなされた。

すなわち、在村的・地方民会的等の非愛国的な潮流の提唱である。これらの提唱に異論を挟むつもりはないし、民権思想を述べる場合、この潮流の詳細な分析が必要なことは言うまでもない。しかし、愛国社的潮流と在村的・地方民会的潮流の複線的流れがあったとしても、やはり自由民権運動の最初の提唱者として、愛国社的の指導的役割が、運動に与えた影響は多大だったと思われる。それは秩父事件の参加者が「板垣さんの世直し」等と最後まで叫んでいたことをみてもわかる。愛国社的潮流は民権運動の大きな軸と言ってよい。私の分析対象も板垣退助を中心とするこの愛国社的潮流となるのである。

さて、板垣退助や後藤象二郎、江藤新平等が民権論を唱えるのは、征韓論に敗北し、彼等が新政府と決裂した後である。板垣等が征韓論を唱えた意図は、国外に紛糾を起こし国内改造・国内統一を図ろうとしたこと、士族階級の失業救済、国権の拡張が主なものであった。この征韓論争に勝利した内地優先論者大久保利通・木戸孝允等が根本的に対立したのではないことは、後の台湾出兵等をみてもわかるし、注目すべきことである。

さて、このように板垣等は明治七年に「民撰議院設立建白書」を提出するのである。それではなぜ、如何なる意図でこの民権論を主張したのか。板垣はその動機の一つとして戊辰戦争に於ける東北戦争体験を述べている。

板垣は頑強であると思われた会津藩が薩長に屈したのは、会津藩の民衆が藩を見離したからだと見抜いたのである。そこで彼は、国家の強弱は「上下心一つ」にしているかどうかに懸かっていると身にしみて体験した。その体験から明治維新後の国内の分裂状況をみて大変な危機を感じたのである。それゆえ彼が階級制を解き、四民平等を主張したのは、西欧流の個人主義的自由主義、あるいは自然権的発想ではなく、飽くまで「萬国対抗し」「報国の責」を生じさせるためであった。いわばナショナリスティック、全体主義的な自由主義を唱えていたのである。

また『自由党史』によると、明治維新とは「公議輿論の力を以て、皇室の大権を回復し、国民の自由を挽回し、内にあっては一君の下、四民平等主義を明らかにし、挙国統一の基礎を定むる」こととし、最終的には「萬国対峙の規模を確立すること」であるとしている。自由党の勃興はこの精神の継承であったとも述べている。更に民撰議院設立に関しても、その意図は「天下の公論を伸張し、人民の通議権理を立て、天下の元気を鼓舞し、以て上下親近し、君臣相愛し、我が帝国を維持振起」することだとしている。

一方この民権論に共鳴した士族はどのような関心を持って参加したかと言えば、多くは官僚に返り咲くことだったという。彼等が藩閥・有司専制を批判したのも、民衆と共通の基盤に立ち民主的な政権を設立しようとしたのではなく、むしろ階層的利害に関するものであった。

このように民権論は誕生時から歪んでいたのである。繰り返すが西欧流の個人主義に立脚した自由・民権ではなく、著しくナショナリスティック、全体主義的な色彩が濃かったのである。もちろんこのことは、多くの研究者によって指摘されている。後藤靖氏は民権派士族の民権論は結局国権論に従属する意味と比重しか持たなかったと述べている。また、松永昌三氏によれば、ナショナリズムは民権論によって発展し、人民に浸透・定着していったという鋭い指摘をしている。さて、このように西欧的発想からではない歪んだ発想から誕生した自由民権論は、その後どのような経過を辿るのであろうか。

ナショナリズムとしての民権論（その2）

前節で日本における民権論（愛国社的潮流）は歪んだ発想から誕生したと述べた。従って西欧的な個人主義に立脚した民主主義的思想を頭に描き、それを日本の民権論に当てはめることは甚だ危険である。このことを頭に入れ、その後の民権論の展開をみてみよう。

後藤靖氏によれば、民権派士族の前節で記したような民権論は、階級差からくる民衆に対する優越感、指導者意識は徐々に変容してくるという。後藤氏はその証拠として、明治一〇年の立志社建白に「国会開設」「地租軽減」「条約改正」という三大綱領が盛り込まれたことを挙げている。特に農民闘争や地方民会の中心的課題であった「地租軽減」は重要であるという。これにより立志社は国民的政党に生まれ変わるとしている。また『評論新聞』の例を引き、思想的な進歩としての抵抗権・革命権の主張があったとしている。その他当時頻発していた農民闘争（地租改正反対等）と民権派士族の関連を挙げている。

後藤氏と同様に遠山茂樹氏も士族の経済的な没落（秩禄処分・インフレの影響）、それにともなう社会的地位の相対的低下を理由に、彼等が人民的立場に立ったとし、士族民権の変容があったとしている。両氏が指摘したこれらのことを精緻に分析・検討すればよいのだが、ここではとてもその余裕はないので、焦点を絞りたい。

まず、後藤氏の言う立志社建白をみると、この建白書では確かに新政府の藩閥専制を糾弾し、立志社の要求を述べている。すなわち既述した三大綱領という明確かつ具体的な要求である。しかし、建白書の論理を追うと、国会（民撰議院）開設要求の目的は、民衆が政治に参加すれば、上下意が一つになり人民が文明の域に進み、内は騒乱が鎮まり、外に対しては諸外国の侮りを受けず国家統一と独立が達成されるだろうという、つまりナショナリスティックな民権論の域を出ていないのである。この論理でゆけば、民権派士族にとって「国会開設」とは民主政などの確立ではなく、飽くまでも国家統一と独立の手段的価値としか捉えられないのである。このようなナショナリスティックな民権論は、この時期も基本的には変化しているとは言えない（この時期の『自由党史』をみれば同様な記述が多い）。

また、地租軽減を打ち出したということであるが、そのこと自体は確かに評価できる。しかし、要はそれにどの程度主体的に取り組んだかであろう。後藤氏はその実例を挙げて述べている。この問題は遠山氏の士族の位置の変化とも関連があるのでそれと一緒に述べたい。経済的な原因によって士族は没落し、その社会的な地位が相対的に低下したのは事実である。そして結果的に、民衆の生活基盤と同等な位置に立てる可能性を持ったというのも否定できない。

だが、経済的特権階級という意識は消えても、社会指導者としての意識まで消えたのであろうか。尤もこれは後藤氏も「武士意識が指導者意識に代わった」だけで、真に人民の立場に立てなかったと述べている。また遠山氏も人民的立場に立つ素質とともに、反転反動の立場に立つ素質を認めている。地租軽減の問題も主体的に取り組んだのは、民権運動の中心的な士族ではなく、周辺的な名もなき士族であった。また、立志社建白の後の愛国社再興趣意書から、国会開設請願書をみると、地租軽減（民生安定）の問題を正面に出して積極的に取り組んでいるとはとても言えない。仮にその問題を取り上げても、それは飽くまで国家統一の手段としてであった。加えて遠山氏の指摘した反動的側面であるが、これは明治一〇年の西南戦争に於ける民権派士族の対応がそれを如実に物語っている。板垣等を中心とする民権運動主流派は、西郷隆盛の意気は汲んでも武力蜂起には同調せず、彼等の民権論を貫こうとする。しかし、民権派士族の中には、西郷軍に同調し、従おうとする者が続出し、ついには立志社内部までが揺らぐこととなる。西南戦争の本質は没落士族の地位回復である。士族たちは新政府から排除の仕打ちを取り消し、もう一度指導的立場に立ちたかった。そのために切り札であった西郷を頼ったのである。民権派士族がこれに多く同調したのは、自由や民権以前の問題であった。このことは民権派士族の持つ民権論の本質を垣間見させるものである。

このようにみてくると、後藤氏や遠山氏の指摘する民権派士族の変容は、額面通りには受け取れない。民権論が誕生当時から持っていた歪みは思想の底流では変化はないと考える。いささか民権論のマイナス的側面をばかり見過ぎた感があるが、愛国社的潮流の中でも『評論新聞』等の抵抗権・革命権の主張は、自由民権の中でも民衆的な基盤に立ったものとして評価したい。

さて、みてきたように民権論は歪んだ形のまま、自由党結党まで進むのだが、もう少し思想的な側面を掘り下げてみたい。ここで政治思想史研究者の丸山真男氏の見解をみてみたい。丸山氏は周知の通り専門は江戸時代の思想史である。しかし、丸山氏が夜店と言っているように、近現代政治思想史にも鋭い眼を向けているので、氏の意見を追ってみる。

丸山氏は明治維新の精神的立脚点を尊王攘夷論（尊攘論）と公議輿論尊重に求め、前者を政治的集中の原理、発展して国権拡張論になるとし、後者を政治的拡大原理、発展して民権論になると捉えている。この論理の詳細を辿ると非常に長くなるので避けるが、丸山氏は国権論も民権論も明治維新から発生したことに注目し、政治法則や歴史的条件から両論の不可分性を述べている。

すなわち民権論は国権論と切り離せないと言っている。これはなかなか見事な思想史的構図であり、民権論者がなぜナショナリズムに捉えられるのかという問題に対する鋭い答えである。要するに丸山氏は明治維新の精神的土台は尊攘論と公議輿論尊重であり、これが幕末から明治当初には混在していた。そして明治に入ると国権と民権は対立し、その統一が明治国家の思想であるという。

もう一人松本三之介氏の民権思想観をみてみよう。松本氏は民撰議院設立論について、まず民権運動が国家の統一と独立という明治維新の課題を継承しながら、政府の取り組み方に対して改めて一つの方向性を提示する意味を持ったと指摘する。すなわち民撰議院論者は、国家の独立と統一という政府と同課題に導かれながらも、政府の独断的なやり方に対し、国民の政治参加をという方法を主張したのだという。だから民権論はナショナリスティックな色彩が濃く、国会開設等の要求も課題達成の手段的価値でしかなくなると述べるのである。ナショナリズムに関して松本氏は更にこう述べる。民権思想をナショナリズムの一つの在り方としてみるならば、国民の存在を個々の構成員の主体的な権利意識と自発的な政治的関心とに根ざすものとする点で、下からのナショナリズムとしての性格を強くした。これは松永昌三氏の見解とも重なってくる。これら三氏の見解はいずれも鋭いもので、非常に興味深いものである。

まず、丸山氏の明治国家の思想の見取り図をもう一度確認すると、その核心である尊攘論が国権論に、公議輿論尊重が民権論になり、その対立の統一が明治国家の思想であるというものである。だが果たして明治に入って国権と民権は明確な対立項になったのだろうか。

西欧流の個人主義に立脚した民主主義思想であれば、国権と民権は対立項として捉えられるが、既述したように日本の民権論はかなり特殊である。つまり誕生時からナショナリズムの色彩が濃いのである。政府の指導者はもちろんのこと民権論者にとっても国権論は暗黙の大前提であるのだ（このことは民権論者が国権論との矛盾を自覚していないことをみてもわかる）。ゆえに国権と民権を明確な対立項として捉えるのは、少し無理があると思う。この点について松本氏は、民権論を「下からのナショナリズム」として捉えている。新政府も民権論者側も国家の統一と独立という課題は大前提であり、両者ともそれを最終目標としたわけであるから、本質的な対立はなかったわけである。私の見解も松本氏に非常に近いが、「下からのナショナリズム」としての民権論というより、明治維新の精神、課題の実現と言う面があるため、明治国家という巨大な求心的運動（ナショナリズム運動と言い換えてもよい）の中で見事に補完的な役割を果たしたと言った方が適切であろう。というのは民権論においてはもう少し複雑な面があるからである。

例えば民権派士族でも研究者の後藤氏、また当時では末広鉄腸が指摘している様に、封建反動的な面が民権論主張の主要な目的となっていることがある（鉄腸はそれを「士権を求めるもの」と糾弾している）。しかし、林有造等立志社内部が反動的側面を持っていることから、恐らく末広の言う様にただ士族の権利回復のみに民権論を主張したのではないだろう。彼等は指導者意識・選良意識を多分に持っているので、ナショナリズム傾向が強かったに違いない。士族の復権＋国内の統一・対外的な独立を実現する方法が士族の反乱に代わる民権運動だった。反動的士族は明治期の求心的傾向の渦の中にいたのである。士族は一部没落したとは言え、民権運動等で指導者的役割を果たした。彼等の行動は「下からのナショナリズム」というより、総合的にみて「横からのナショナリズム」と言った方がよいので、自分はもう少し広げて「補完的ナショナリズム」という言葉を選んだ。

さてこのようにしてみてくると、民権論は繰り返すように、幕末の分裂から明治維新を経て、求心化をはじめる明治において、政府の独断的な動きを批判する形で実は見事に補完していたのではないか。その「補完としてのナショナリズム」が民権論（愛国社的潮流）だったと考える。

下層民的「自由」の本質

「ナショナリズムとしての民権論」はいわば上流の民権論の分析であった。上流の民権家たちが目指す「自由」は残念ながら個人主義的自由主義に根ざしたものとは遠かった。それでは豪農層や底辺民衆が担った下流の民権論はどうだったのだろうか。結論から言えば、豪農も底辺民衆も西欧流の自由主義ではなかった（もちろん例外的な人物はいる）。民権期の写真・図版・史料をみれば底辺民衆の中にも、「自由」という言葉は浸透していた。それは人形・凧・そして岡持までにも記されていることでわかる。しかし、民権運動に参加した民衆が記した「自由」が西欧流の「自由」であったというのは無理があるだろう。また、色川大吉氏やひろたまさき氏が指摘するように彼等は明治国家体制の論理を超越するような権力構想を打ち出せなかったのも事実である。しかし、それをもって思想的脆弱性と一概に評価してしまうことも問題である。既成の権力や体制を批判否定するには、それに拮抗するだけの権力構想や新しい体制の論理のみが有効なのであろうか。

底辺民衆が民権運動に跳躍した動機、目指した下層民的「自由」の本質とは一体何だったのだろうか。そこで激化事件を例にして考えてみたい。激化事件については、多くの研究者によって、代表的事件の整理・分類がなされている。その中で研究者の江村栄一氏がうまく整理をしているので追ってみよう。

まず、自由党急進派によるもの〈加波山・名古屋・飯田事件〉、次に農民激化事件〈群馬・秩父事件〉、そして半プロレタリアート、前期プロレタリアートを中心としたもの〈岐阜加茂・静岡・名古屋事件〉、最後は民衆宗教を基礎としたもの〈丸山教み組事件〉、以上である。この他に福島・高田・秋田事件がある。これらの分類の是非はともかく、諸事件の中で底辺民衆が主体的に参加したものがいくつあったのだろうか。もっと言えば民権思想の本質を理解し、それを跳躍の論理にしたものがあったのかという疑問がある。

では底辺民衆が事件へと跳躍する論理とは一体何だったのか。これを考える題材に名古屋事件をみてみよう。名古屋事件は明治一七年に起きた、名古屋の自由党員による政府転覆を目指す事件である。この事件の真相を明らかにしたのが、長谷川昇氏である。長谷川氏によれば、この事件の主導的役割を果たすのは、自由党員ではなく実は博徒であった。彼等は一度幕末に尾張藩で集議隊という草莽隊に組織されたことが契機で、その後民権政社にも参加し、その実質的な中核になる。そして名古屋事件の際には、軍資金調達を目的に強盗を働くのであるが、実は当時実施された博徒大弾圧に対する反抗であったという。事件に参加した農民も多くは博徒であり、その要求は地租軽減が主なものであった。

この事件の表向きは、典型的な自由民権運動激化事件である。『自由党史』もそう捉えているが、長谷川氏によれば、博徒・貧農層の階層的利害に基づく「多分に自然発生的」なものであったという。そして注目すべきは、博徒という無頼・アウトローが歴史的経緯はどうであれなぜ主体的に関わってくるのであろうか。それを解く鍵は他の事件にありそうである。博徒やアウトローという観点で諸事件をみれば、すぐに思い浮かぶのが、群馬事件・秩父事件である。群馬事件では山田平十郎をはじめとして、その蜂起に博徒や無頼の徒が多く参加し、その中核となったことは様々な研究で明らかである。同様に秩父事件でも総理となった田代栄助が博徒であったことは余りに有名である。また事件にも農民・猟夫と並んで博徒が参加していた。その他博徒が参加する事件の多いことは長谷川氏が指摘している。

また近世の農民一揆を分析した安丸良夫氏によれば、一揆に博徒が登場するものが多く、幕末維新期の世直し一揆も、しばしば発頭人になったのはやくざであったという。さてこれは一体どう解釈したらよいのだろうか。そこで、国文学者の松田修氏の研究を援用しよう。松田氏によれば、やくざの起源は古代語の「やくさむ＝不平・不調・不和」にあり、やくさむ者の役割は不平・不調・不和を回復すること、即ち平・調・和をもたらすための犠牲神ではないかと言う。その回復を古代語では「直し」と言い。それは本来神に属する機能であった。やくさむ者は精神的に異端であり、流浪定着を問わず常民世界では、「他者」であった。更に松田氏は注目すべきことを述べる。つまり、定着するやくざは共同体では「他者」ではあるが、共同体の危機では肉体の犠牲を払うことにより、回避・克服されねばならないと述べる。なぜなら彼等は共同体を守護する犠牲神的存在であるからである。

この松田氏の見解をそのまま諸事件にあてはめることは当然制約があるが、それでも博徒無頼が主導的役割を果たすことの不可解さの答えの一つにはなると思う。松田氏は「世直し」とは無頼・無法者によってこそなされねばならないと言う。無頼こそ古代聖性（神と常民の連帯）の体現者だからである。

激化事件をみると、秩父事件をはじめとして「世直し」的な思想を表出している場合が多い。

明治国家体制から疎外された底辺民衆、更に彼等からも疎外された無頼者たち、両者が激化事件に跳躍した時、そこで得ようとしたものは恐らく個人主義的自由でもなければ、体制内での自由でもなかった。それらを弾き飛ばすような根源的「自由」であったかも知れない。そしてこれこそ下層民的「自由」の本質なのである。激化事件を思想史的視点でのみみることの弊害は重々承知している。まして伝統思想との絡みで評価したならば、自由民権運動の価値は低下せざるを得ない。

私が敢えて伝統思想からアプローチしたのは、上流の民権思想に疑念を持ったことと、最近の学問の地殻変動とも言うべき現象から、その変動を主導した文化人類学等の知から刺激を受けたからである。今尾哲也氏が指摘するように「反体制という獣的な愚を斥けながら、非体制の中にこそ、体制に立ち向かう最も根源的な精神の拠点がある」ことを学んだ。「世直し」は「世均し」とも読み替えられる。「世均し」というラディカルで根源的、言わば非体制思想を持つ民衆は思想的に脆弱であったのではなく、最も健全で、かつ最も強靭な思想で体制に立ち向かったとも言えるのである。

秩父事件を頂点とする激化事件は、もちろんこの伝統思想だけで起きたのではない。残念ながら上流の民権思想はそのナショナリスティックな性格なため、底辺民衆の理想を包摂できなかった。それゆえ上流の民権論者は群馬事件や秩父事件を、国家を破壊する「暴動」としか捉えられなかったのである。しかし、秩父事件に限って言えば、秩父困民党の中核を担った底辺層に近い一般自由党員たちの論理と行動がなければ、事件はこれほど大きなものにはならなかったし、組織立ったものにもならなかった。古へより連綿と続く「世直し・世均し」の思想という燃料に、民権論者が的確に火を付け、最大限効率よく燃やしたのが秩父事件であろう（関東・信州を一〇日間も震撼させた）。その意味で秩父事件は大袈裟な話ではなく、日本史の中でも画期的な事件であり、自由民権運動の成熟の上でこそ起きた最後で最高のものであるという評価は揺らぐことはない。

自由民権運動の解体

これまで長々と書いてきたのは、自由民権運動の解体を思想史的な流れにより、巨視的に捉えるためである。流れをうまく捉えたかは問題があるが、ここまで来た以上は結論的な見解を述べなければならない。まず自由党の解党について述べたいが、その前に自由党結党時における問題に触れておかねばならない。自由党の結成と政体構想の研究は江村栄一氏のものが詳しい。江村氏は自由党の結成された時期を国会開設の詔以前であるとし、従来の説を否定した。つまり詔勅に促されて党が結成されたのではないと述べる。また明治一五年に国会開設短縮、或いは三大自由建白建議を各府県に促しているところから、党が誕生した時は、下から国会早期開設を実現しようとした「変革政党」であったとする。

江村氏の述べていることは、十分な裏付けもあり妥当な点が多いと思われるが、「変革政党」

であることの決め手がどうもはっきりしない。例えば建議書では確かに国会開設短縮を訴えている。しかし、そこには江村氏がのべているように闘い取ろうという気配はなく、平和安穏のうちに改革を遂げようとする意図が濃厚である（「平和安穏」という言葉が多用されている）。更に建議書と同年に「自由党の尊皇論」が出され、立憲政体の最終的な目的が、「皇国を千載に伝える」ことだとしている。加えて党上層部は党の方針を共和主義だとされることを極度に嫌っていた。また憲法構想について、江村氏によると憲法は人権保障が中核だとしている。だが、問題は彼等の人民観である。党上層部は指導者的意識が強く、人民に対しては個人主義的な自由権よりも、公的枠内の自由権を強調し、また徹底的した愚民観により、党上層部が人民に歩み寄るのではなく、人民こそが歩み寄るように主張している。従って自由党結党時は「変革政党」であったという説は無理があると言わざるを得ない。

さて、自由党解党であるが、この問題については多くの研究者により精緻な研究がなされている。代表的なのは長谷川昇氏、下山三郎氏のものである。これらは思想史的な観点だけではないのだが、重要なものなので援用させていただくことにする。自由党が解党するのは明治一七年であるが、この時期に多発した激化事件に対して党中央はどう反応していただろうか。個々の事件について共通しているのは、冷ややかと言うより「批難」と言う言葉の方が適切である。

例えば加波山事件に対しての「激挙に一致する者の如く、人心に印象せしめ、以て自由党を構陥せんと企てたり」という表現に代表される。つまり党中央にとって「急進主義」は都合が悪かったのである。それについて下山氏はこう述べている。「急進派」を発生せしめたのは、自由党内部の実質的変化であるとしている。すなわち自由党の「準備政党」化にあるという。準備政党となったからには、激化事件等の非合法的な手段をとることは、全党の運命にかかわることで、それゆえ批難、抑圧的態度をとったのだとする。この点については後藤靖氏も同様の見解を述べている。準備政党化については、下山氏、後藤氏ともに『自由新聞』を例に引いて述べているが、果たして党中央が本当に変質したのだろうか。自由党がこの時期になってなぜ合法主義や準備政党化するのか。この点が今一つ腑に落ちない。

急進的テロリズム・激化事件の頻発に対する自己正当化なのであろうか。しかし、どうも説得力に欠けている。私はこの準備政党化や合法主義は党上層部の以前からの基本的な考えであると思う。先述したように自由党が結党時から変革的な政党であったことは、どうも疑わしいのである。もしそうであれば、なぜ激化事件、テロリズムのエネルギーを内に取り込もうとしないのだろうか。もちろん「有一館」というテロリスト養成所を設立したという例もあるが（テロリズムを賛美しているわけではない）、これも長谷川氏によれば、養成所という名目の監視所であったという。更に結党後の板垣の渡欧、他党への過剰な対抗意識等は国家形態構想を深化・発展させていかなければならないこの時期にそれを怠っているとしか言いようがない。

このように政治的にも思想的にも多くの課題を残したまま、自由党は解党に至る（それだからこそ解党せざるを得ないとも言える)。『自由党史』の「解党大意」では尤もらしい多くの理由を挙げてはいるものの、自由党内上層部と下層部の意思不疎通が最大の要因であろう。テロリズム・激化事件等の急進的傾向は当初から党上層部とは相容れることがなかったのである。また、同年に出された国会開設期限短縮建白書は「ナショナリズムとしての民権論」を如実に示している。

解党に導く要因としてもう一つ重要なものに対外情勢がある。下山氏もこれを指摘しているが、加波山事件の直後『自由新聞』に「国権拡張論」が出たり、『自由党史』では解党直後に「朝鮮改革運動」を扱ったりしている。当時の対外情勢(主にアジア情勢)を見れば、清仏戦争・朝鮮動乱等があった。自由党として欧州勢力の侵略である前者には相当の危惧を持っていた。党の国権優位の傾向が、内乱の元である「急進派」を嫌悪するのは当然であろう。この時期の対外情勢に関して注目すべきことがある。既述した「朝鮮改革運動」である。この運動で板垣退助や後藤象二郎が、フランス公使と結託して朝鮮進出計画を立てたことは有名である。この計画が下山氏も指摘するように、自由党急進派の暴発を未然に防ぐことにより、国内の統一・国権拡張の実現だとするならばどうであろうか。これは何とあの征韓論の主張と質は変わらないのである。板垣等の党上層部の思想は、多少の紆余曲折はあるものの、その基底部分は変化していないのではないか。彼等の民権論は飽くまでナショナリズムとしてのそれではないだろうか。つまり、国家というものが存在してはじめて人民が存在するという思想である。彼等がこのような考えを強めている時、その微温性に愛想をつかし、急進派やテロリストが出現した。また在地民権家が起ち、その彼等とも異質な思想を持つ下層民が闘争へと跳躍した。明治一七年はこういった様々な「自由」を抱く人々のエネルギーが沸騰したと言ってよい。自由党は解党したのではない。思想的に分裂したのである。そして民権思想の本質的な体現者がごく少数に止まった点を考え合せると、それは地に着かなかったという意味でまさに「空中分解」と言っても言い過ぎではないであろう。

自由民権運動とは何か

前節までのことで私の主張したかったことは言い終えたことになる。この上何を言おうとするのか訝られるかも知れない。しかし、この問題は「自由民権運動」を研究の主題と決めてから、終始頭を離れないものであった。それはこの民権運動とは一体何であったのかという問題である。上は新政府の挫折した官僚から下は寒村の農民に至るまで、「あらゆる」と言ってよい様々な階層を巻き込み、一〇年以上の長期に渡って持続した運動、いわば近代草創期の嵐とも言うべきこの運動とは本当に何であったのか。

無論この様な大問題を正面切って扱うわけにはいかない。また扱うにしても研究がまだまだ不足している。それゆえこれから書くことは、派生的意見に過ぎない。しかし、これは私の紆余曲折の研究の中で生まれ、この論考に至る過程でその都度思い込みを深くしていったものである。

丸山真男氏は「自由民権運動史」という論文の中で、民権運動について興味深い見解を多く述べている。丸山氏は民権運動を三期に分けて論じている。詳細には述べられないが、第一期から第三期までの分析の中で言おうとしているのは、民権運動が近代的な自由主義運動とイコールとならないことである。丸山氏によれば、民権運動は士族が終始イニシアティブをとったため反動的な側面が強かったと述べている。また民権運動の挫折についても触れている。挫折の原因が藩閥政府による弾圧とともに、民権運動内部の脆弱性にあるとする。具体的に列挙するとこうなる。

一、民権運動のイデオロギー的浸透力の弱さ、それゆえ運動に参加した者が烏合の衆的存在であったこと。
二、板垣・後藤は指導者というより英雄に近いものであったこと。
三、自由党の階級的基礎が複雑であったため、幹部と下層部の意識的落差が激しかったこと。

この指摘は鋭く、頷けることが多い。民権運動を士族的な視点のみで捉えていることには問題がなくはないが、士族が主導権を掌握していたことは紛れもない事実である。またイデオロギーの浸透性についても、これは当時から批判があるし、この問題は本論で既に述べたところである。指導者の英雄化についても秩父事件における板垣の偶像化をみれば明らかである。

とにかく自由民権運動というものが当時から何か地に足のつかない、実態のぼやけた運動であったことは確かである。丸山氏は自由党内部の階級的基礎が複雑で、上層と下層の意識の格差が激しいという。その通りであるが、これは民権運動全体に言えることではないだろうか。運動そのものが階級的に複雑である様に、そこに胚胎した思想も非常に複雑ということである。

私は上流の民権論の本質を「補完的なナショナリズム」であったとした。これは愛国社から自由党に至る流れの中で、指導的役割をした知識人から、士族・豪農層まで含まれる（ここでは触れることが出来なかったが、立憲改進党及びその関係者、そして都市知識人もこれに含まれてよいと考える）。これと対照的に下流の民権論に関する考察で、下層民衆が目指す「自由」の底流には、伝統的思想「世直し・世均し」に基づくドラスティックな「自由」が流れていると述べた。そしてその思想の「非体制的であるゆえの強靭性」も指摘した。

しかし、この様に大鉈を振るって分析しても、民権論の内部はやはり複雑だということに変わりはない。士族・豪農層は既述したように補完的なナショナリズムという論理だけでは捉えきれない面がある。また激化事件における底辺民衆の思想も、伝統的思想からのアプローチのみでは不十分ということは自明の理である。

この様に様々な階層が異質的とも言える思惑を抱いて展開した自由民権運動とは何であったのだろうか。これが西欧流の近代的自由主義に立脚した運動ではないことは最早述べるまでもないであろう。或る西洋史家が「民権運動は偉大な幻想」だったと語ったという。実を言えば私の考えもそれに近い。すなわち民権運動を展開した人々が、その思想的・階層的・意識的相違を越えて曲がりなりにも一つの運動を形成できたのは、「反政府」という共通の核があったからではないか。その核を基にして民権思想が実質的ではなく「幻想的」に拡大・共同化されてしまったことに最大の問題があった。

それではなぜ彼等が「反政府」という共通の核を抱けたのか。それは何と言っても明治新政府の特殊な性格にある。新政府について古今の諸説を出し抜いて、しかも専門外の方の説を引くのは甚だ恐縮であるが、私は新政府=薩長の江戸占領体制とする文芸評論家の磯田光一氏に共鳴する。磯田氏の説は詳述できないので、氏の『戦後史の空間』を一読願いたい。これだけの階層的幅の人々が「反政府」であり得たことは他の説では上手く説明できないからである。

自由民権運動とは、「反政府」(これが「反天皇制国家体制」とイコールにはならないことは注目に値する)を志す人々の共同幻想であった。これがようやくたどり着いた結論である。無論全てが幻想的であったと述べるつもりはない。思想的な面では中江兆民・植木枝盛等の民権派知識人が胚胎した思想の普遍的な面は当然評価する。彼らの思想は近代思想史上でも一際光彩を放つものである。また豪農層でも色川大吉氏等が多摩地方から掘り起こした民衆憲法(五日市憲法)を起草した千葉卓三郎・深沢権八等の可能性を誰が否定できようか。そして下層民が体をはって体現しようとした伝統思想に基づく根源的「自由」は、民権思想とは別の次元でもっと注目されるべきであることを痛感する。

解題

この論文を書いたのは一九八三年、およそ四〇年前である。卒論に自由民権運動を選ぶことは、当時としては時代からずれていた感覚があったことを覚えている。民権運動研究は「序論」でも書いたが、八〇年代では既にピークを過ぎていたからである。六〇年代・七〇年代の政治の季節の中で研究は著しく進展し、数多くの研究書や論文が書かれた。自由民権運動研究は折からの近代民衆史研究の隆盛と相俟って、日本近代史研究に新たな扉を開いたのである。しかし、八〇年代以降は民衆史に代わり、社会史等が台頭し民衆史や民権運動研究は下火となってしまった。この背景には政治の季節の挫折と、その後の政治の低迷がある。何をしても政治や社会を変えられないのではないかという重い閉塞感があると思う。このような時に書いたのが、この論文である。テーマは「自由民権運動の解体」である。明治期に全階層的に盛り上がった政治運動が、国会開設や憲法制定を達成したとはいえ、問題が多かったのになぜ解体してしまったかという問いであった。それは政治の季節の大きな挫折を受けた当時の、時代背景から発せられた自分なりの大きな疑問であった。

さて、それにしても四〇年前に書いた論文なので、少し自己解題をする必要がある。論文の冒頭は「ナショナリズムとしての民権論」である。民権運動の解体を論ずる際に、民権運動の主要な流れを追う必要があった。そこで『自由党史』等の史料を読み主流と言われる愛国社・国会期成同盟・自由党の流れをみると、民権派であるにもかかわらず、国権的あるいは国権拡張的な言説が際立っていたのである。そしてその流れは基本的に変化することなく、自由党解党まで継続するのは、本論に記した通りである。更になぜこのような傾向が続くのかという問題も併せて述べたつもりである。このような見解は現在の研究水準に照らしても、それほど大きなずれはないと考える。

最新の『岩波講座日本歴史』（二〇一四年）で、自由民権運動を執筆している松沢裕作氏は、研究動向の変化に触れ、「民権運動を近代的な国民国家形成運動としてとらえることと、近代国民国家形成という目標について、政府と民権派の間に大きな差異はなく、その主導権と内容をめぐる対立が両者の本質であるという理解」が提示されたと述べている。「政府と民権派の間に大きな差異はない」という見解には賛成であるが、もっと言わせてもらえば「政府と民権派上層部または主流派との間に大きな差異はない」と言った方がよい。板垣や後藤等は元々征韓論に敗れ、政治の表舞台から降りた人々である。彼等の思想の底には、国権論的な流れがあったことは間違いない。

次に本論文で触れているのが、「下層民的「自由」の本質」で、民権運動や激化事件の参加した底辺民衆の思想を扱っている。『岩波講座』の松沢氏の論考で、この部分の研究動向をみてみよう。松沢氏が強調しているのは、「民権運動と民衆運動を区別することが定着した」ことである。松沢氏によれば、民権運動は近代的な価値観に基づく近代的な政治参加の運動であり、民衆運動とは近世以来の伝統的な民衆的価値観に基づく運動とされたという。秩父事件を民権運動から外し、負債農民騒擾に位置付ける見解もこの流れから出たものである。現在ではこの論調が主流になりつつあるが、他の事件はどうであれ、秩父事件は明らかにこの見解に組み込むことは無理がある。その理由は縷々述べた通りなので繰り返さない。

さて民権運動と民衆運動を区別するという見解は、確かに両者は異質なもので一緒には出来ないということも理解できる。それにしても気になるのが、そこに価値判断的ものが含まれていないかという問題である。率直に言えば、民権運動を民衆運動の上位に置いていないかということである。民権運動は曲がりなりにも国会開設と憲法制定を成し遂げ、近代国家への道筋をつけたことはその通りである。それに比較して負債農民騒擾や世直し・世均し等の思想はその場限りの要求を突きつけたものという理解である。では果たして伝統思想である「世直し・世均し」等とは、一体どのような思想なのかを問うたのが「下層民的「自由」の本質」である。これも内容は詳述したので繰り返さない。敢えて補足するならば、民権思想と伝統思想を同じ土俵で語ることはできないのではないかということである。幕末の世直し一揆に代表される民衆運動は、幕府倒壊の原因の一つになったことは、言うまでもないだろう。民衆が幕政を強く支持していたならば、いくら薩長でもそう簡単には倒幕は実現できなかった。要するに民衆運動を突き動かした民衆伝統思想も、確実に時代を動かしたのである。

最後に論じたのが「自由民権運動とは何か」という問題である。現在の研究水準でも、正直言って民権運動の位置付けは、明確ではない。六〇年代・七〇年代の研究のような政府に敵対するような動向は、現在では影をひそめ、弾圧する政府と抵抗する民権運動の底部での同質性が強調されることが基調になった。このことも既述したので繰り返さない。本論文では自由民権運動を「反政府」を核として様々な階層を幻想的に巻き込んでいった運動とした。松沢氏は別の論考でこう述べている「近世身分社会では、個人は村、町、仲間と言った社会集団に所属していたが、明治維新によってそうした社会集団が解体してしまったことは、人々のあいだに不安をもたらした。そこに民権派が登場し、新たな社会秩序の構想を示したとき、それはその構想を十分理解し得ない人々にも、より安定した生活を実現することへの希望として受け取られ、ユートピア的願望が自由民権運動と結合して運動の広がりを支えた。(『論点・日本史学』)」としている。果たしてこのような見解が正しいのかどうかわからないが、本論文の結論と松沢氏の見解はそう遠くないと思う。このような見解は、一見自由民権運動に対して冷徹だとも言えるかも知れないが、民権運動を深く掘り下げることなしに、研究成果を閉塞的な現代社会に生かすことはできないと考える。

【主要参考文献】

参考文献や史料は膨大なので、主なものだけを紹介する

『秩父事件史料集成』二玄社
『秩父事件史料』埼玉新聞社

史料は多く右史料集に拠っている。

『自由党史』岩波文庫
『自由民権』色川大吉著　岩波新書
『秩父事件』井上幸治著　中公新書
『秩父事件　圧制ヲ変ジテ自由ノ世界ヲ』新日本出版社
『秩父事件　自由困民党の戦い』古林安雄著　埼玉新聞社
『秩父事件を歩く』戸井昌造著　新人物往来社
『写真でみる秩父事件』井上光三郎・品川榮嗣著　新人物往来社
『秩父事件ガイドブック』新日本出版社
『広域蜂起　秩父事件』黒沢正則著　まつやま書房
『律儀なれど任侠者　秩父困民党総理田代栄助』高橋哲郎著　現代企画室
『裁かれる日々』春田国男著　日本評論社

秩父事件全般

『鎮魂　秩父事件』小泉忠孝著　まつやま書房
『自由民権運動』松沢裕作著　岩波新書
『民衆暴力』藤野裕子著　中公新書
『秩父事件と西南上州』新井廣司著　煥呼堂
『佐久からみた秩父事件』小海町教育委員会・小海町文化財調査委員会他
『秩父事件　周辺の記憶』埼玉県立松山女子高校歴史研究部
その他多数

武州世直し一揆
『名栗の歴史』飯能市教育委員会
『武州世直し一揆史料』（一）（二）慶友社
『語り継ぎたい「武州世直し一揆」の真実』武州世直し一揆百五十周年記念事業実行委員会
その他多数

市町村史
◎埼玉県
『埼玉県史』埼玉県
『小川町の歴史』小川町
『東松山市　歴史点描』東松山市

『東松山市の歴史』東松山市
『寄居町史』寄居町
『児玉町史』児玉町
『秩父市史』秩父市
『秩父市誌』秩父市
『長瀞町史』長瀞町
『小鹿野町誌』小鹿野町
『小鹿野町史資料集　柴崎家文書』小鹿野町
『皆野町誌』皆野町
『坂戸市史』坂戸市
『越生町の歴史』越生町
『吉見町史』吉見町
『名栗の歴史』飯能市教育委員会
『那栗郷　名栗の近代史料』飯能市郷土館
その他多数

◎群馬県
『群馬県史』群馬県
『上野村の歴史』上野村

『万場町誌』万場町
『中里村の歴史』中里村
『鬼石町誌』鬼石町
その他多数

関東大震災と自警団

『関東大震災と朝鮮人虐殺』山田昭次著　創史社
『関東大震災と朝鮮人虐殺　八〇年後の徹底検証』山岸秀著　早稲田出版
『関東大震災と民衆犯罪』佐藤冬樹著　筑摩選書
その他多数

付論関係

『自由党史』岩波文庫
『戦中と戦後の間』丸山真男著　みすず書房
『現代政治の思想と行動』丸山真男著　未来社
『日本政治思想史概論』松本三之介著　勁草書房
『天皇制形成期の民衆闘争』後藤靖著　青木書店
『明治思想集』松本三之介編　筑摩書房
『文明開化と民衆意識』ひろたまさき著　青木書店

『明治精神史』色川大吉著　講談社学術文庫
『日本の近代化と民衆思想』安丸良夫著　青木書店
『世直し』佐々木潤之介著　岩波書店
『近代日本の民衆運動と思想』鹿野政直・金原左門・松永昌三著　有斐閣
『博徒と自由民権』長谷川昇著　中公新書
『闇のユートピア』松田修著　白水社
『戦後史の空間』磯田光一著　新潮社
『民衆蜂起と祭り』森山軍治郎著　筑摩書房
『論点・日本史学』岩城卓二他著　ミネルヴァ書房

その他多数

あとがき

今から二〇年程前、ある女子高に勤務していた時、生徒とともに歴史研究部を創部した。その部活動で取り上げたテーマが秩父事件であった。当時は秩父事件一二〇周年の年でもあった。学校自体は秩父から離れていたため、秩父地域内の調査は無理だったので、周辺地域の動きを追った。具体的には比企郡小川町・秩父郡東秩父村であった。この時の調査で期待していたものは、秩父事件に呼応する民衆の動きであった。事件当時の空前の不況の中で、周辺地域も当然それと同調する動きがあると思ったのである。

調査を始めてみて、その予想は見事に裏切られた。周辺地域で起こっていたのは、事件とは全く反対の動きであった。事件に同調するどころか、自警団まで結成して、実力で困民党軍を阻止しようとしていたのである。これが政府等の官側なら納得できるが、民間で自発的な動きであったことに相当な衝撃を受けたことを今でも覚えている。この調査を継続しようと思ったが諸事情が重なり、また学校も多忙化が極まり、そのままになってしまった。その後一〇年程前から細々と史料収集等を行い始め、定年を迎えた三年前から本格的な調査を開始した。

まずは、史料等の精査から始めた。秩父事件の史料は膨大であり、また関連本もこれまた夥しい数であった。

専門が自由民権運動であり、大学時代から史料はある程度は読んでいたが、いざ事件の調査を始めるとその量に圧倒される感があった。まさに史料との格闘と言ってよい。それから秩父周辺地域の実地調査も並行して行った。

北は群馬県神流町・上野村・高崎市等から南は飯能の名栗地域まで足を伸ばした。聞き取り調査が主であった。聞き取り調査も、まず地域史に詳しい方を探すのが大変であった。まずは市役所・役場等に赴き、詳しい方の情報を得ることを行い、そこからアポを取って聞き取りを行っていった。幸い多くの親切な方にお会いすることができ、貴重なお話を聞くことができた。史料の読み込みだけでは決してこの本は誕生せず、現地に行き、現地の方の話を聞くことがもう一つの重要な柱になっているのである。

さて、この本のことを一言で言えば、「前人未到の地を行く」に尽きる。自由民権運動の史料も本も非常に多い。秩父事件関連の史料・本も何度も述べたように膨大である。しかし、事件そのものの史料や本はあるものの周辺地域や自警団に触れたものは、知る限りにおいて全くなかった。つまり先行研究が皆無なのである。歴史研究は通常、先行研究を水先案内や重要な命綱として行う。それがないことは山に入って登山道がなく、自分で道をつくりながら登ってゆくようなもので、手探り状態とはこのことを言うのかと、書きながら溜息をつくことの連続であった。前人未到の領域の研究なので、果してどのようなものになったのかは自分でもよくわからない。

これは、読んでいただいた方の判断に委ねたい。自分としては「自由民権運動はなぜ解体したのか」「秩父事件はなぜ広がらなかったのか」という最も知りたかったことに足かけ二〇年をかけて、何とか答えを出したつもりである。

一四〇年前の晩秋、秩父困民党の人々はまさに生命をかけて、悪政を続ける政府と真っ向から対峙した。近代的な装備で武装した政府軍に、なけなしの武器を集めた困民党軍は向きあった。これを無謀なことと嗤うことは容易い。もっと別な方法があったのではと冷静に考えることもできる。しかし、払い切れないような借金に苛まれ、景気はどん底、増税等に追い詰められ、身代限り（破産）・土地売却・娘の身売り、そして自殺等が続発する中で、彼等の取った行動を責めることは、自分にはできない。彼等が「板垣の世直し」と叫んだのは、自由党やそれに連なる困民党に、本当に一縷の望みを託したのである。困民党総理田代栄助は断腸の思いがあったはずなのに、多くを語らず処刑されていった。

翻って一四〇年後の現在、秩父困民党の人々が渇望したような社会が実現しただろうか。田代が常に口にしていた「弱きを助け、強きを挫く」、つまり本当に弱い立場にいる人々が報われるような社会が現出しただろうか。

大きなそして根深い疑問だと言わざるを得ない。

秩父困民党の動きを阻んだものは、官側だけではなく、むしろ民側の自警団の方が強烈であった。何度も同じことを記して申し訳ないが、困民党の前に立ったのは一体誰だったのか。それを見極めない限り、この日本社会で変革をなすことは困難である。つまり、一四〇年前に突きつけられた課題は、現代の課題でもあることが私たちに問われているのである。
最後にこの拙い本を、聞き取りなどでお世話になった方々と、自警団を早くから指摘されていた井上幸治・色川大吉両先生に捧げたい。

二〇二四年　七月盛夏

大澤　謙司

田代栄助の墓（秩父市金仙寺）

著者略歴

大澤 謙司（おおさわ けんじ）

＜略歴＞
1961 年 埼玉県比企郡滑川町生まれ
埼玉県立滑川高等学校卒業、駒澤大学文学部歴史学科卒業
埼玉県立高校の教員となる
地域史研究の部活動で顧問として活動し、研究冊子多数を発行
専門　自由民権運動史及び地域史

著　書　『埼玉県の歴史散歩』山川出版社
　　　　『日本史授業で使いたい教材資料』清水書院
　　　　『見て、調べ、伝える埼玉』埼玉県歴史教育者協議会編
　　　　以上共著
その他　『埼玉 100 城』
　　　　『聞き書き　比企の古墳』
　　　　『幻の飛行場　旧陸軍松山飛行場の記録』
　　　　『秩父事件　周辺の記憶』等、研究冊子多数発行

困民党の行く手を阻んだもの
―もう一つの秩父事件―

2024 年 10 月 31 日　初版第一刷発行
著　者　大澤　謙司
発行者　山本　智紀
印　刷　株式会社シナノ
発行所　まつやま書房
〒 355 － 0017　埼玉県東松山市松葉町 3 － 2 － 5
Tel.0493 － 22 － 4162　Fax.0493 － 22 － 4460
郵便振替　00190 － 3 － 70394
URL:http://www.matsuyama － syobou.com/

ISBN 978-4-89623-225-7　C0021